AF494704

LA RÉVOLUTION OTTOMANE

DU MÊME AUTEUR

Histoire de la Turquie, avec une préface de M. Antoine BAUMANN. — Perrin et Cie, libraires-éditeurs. Paris. — Un vol. in-8° écu.......................... 5 fr.

Youssouf Fehmi

YOUSSOUF FEHMI

LA RÉVOLUTION OTTOMANE

(1908-1910)

PRÉFACE DU Dr F. JOUSSEAUME

L'Amour pour principe, et l'Ordre pour base ; le Progrès pour but.

AUGUSTE COMTE

PARIS (5e)
V. GIARD & E. BRIÈRE
LIBRAIRES - ÉDITEURS
16, RUE SOUFFLOT ET RUE TOULLIER, 12

1911

DÉDICACE

A MONSIEUR ANTOINE BAUMANN

Permettez-moi en témoignage de reconnaissance pour m'avoir initié au positivisme de vous dédier ce livre. Sans vous je n'aurais jamais connu la saine philosophie du bon sens. Eternel merci.

Y. F.

PRÉFACE

Si j'étais publiciste ou orateur, j'écrirais en lettres colossales ou je crierais d'une voix de stentor : lisez ce livre ! Ce récit de la Révolution ottomane écrit avec vigueur, en bon français, dans un style clair et précis, coulant et sans prétention, est d'autant plus instructif qu'il peut s'appliquer à tous les peuples de l'Europe. C'est, en traits flamboyants, le tableau de l'évolution vers laquelle tous les peuples s'élancent pour l'émancipation. On ne s'occupe plus du travail corporel, on porte tous ses soins et sa préoccupation au développement intellectuel; on veut que tout le monde apprenne à lire, écrire, compter et puisse aspirer à tous les grades scientifiques. La réalisation de ce beau rêve, c'est qu'il y a actuellement en France plus d'écrivains que de lecteurs. Aussi que d'auteurs inconnus dont les livres, non coupés, sont jetés au panier ! L'existence des nations, comme celle des individus, ne peut se prolonger sans que la force corporelle et le développement intellectuel ne soient en parfait équilibre : sous l'influence d'une pléthore intellectuelle, les nations meurent de congestion civilisatrice et sous la domination des forces corporelles, elles sont à la merci des peuples dont le développement intellectuel n'a pas été abatardi.

Comme un général sur le champ de bataille fait mouvoir des soldats, un politicien fait mouvoir des idées, pour combattre ses adversaires. Un historien fait mouvoir les événements, pour triompher des erreurs qu'engendrent les passions, le parti pris, la crédulité et le manque de réflexion.

Il est donc naturel et logique, dans ce livre *La Révolution ottomane*, de trouver une certaine réserve sur les dangers du catholicisme en Orient et une attaque sans merci contre la franc-maçonnerie. L'auteur considère les adeptes de cette sombre et mystérieuse association comme les plus dangereux ennemis de sa patrie et de la civilisation. Il les considère comme des ignorants qui cherchent à dominer sans savoir ce qu'ils font et où ils vont. Il serait donc difficile à une nation de savoir où elle va, lorsqu'elle est soumise à l'influence de la franc-maçonnerie, société secrète dont personne autre que ses membres ne peut savoir ce qui s'y passe. Tous, très chers frères (T.·. C.·. F.·.), se doivent aide et protection et ne voient en dehors d'eux que des corvéables. La grande majorité des francs-maçons est composée, assurément, de braves gens, de gens honnêtes, de crédules sans défense, qui acceptent comme parole d'Évangile les insanités que leur débitent des confrères rusés et ambitieux, et les préceptes que leur indique leur vénérable. Cette majorité d'aveugles est semblable à des moutons qui bêlent quand leur conducteur se met à bêler. Ils se serrent et montent les uns sur les autres pour permettre aux astucieux de leur bergerie d'escalader le pouvoir et courir aux places les plus grassement rétribuées. Enfin il se trouve également parmi les francs-maçons ceux qu'on appelle des brebis galeuses, qui profitent de cette fraternelle association pour donner un libre cours à leurs instincts pervers et commettre les atrocités les plus répréhensibles.

Qu'on ne demande pas ce qu'est la franc-maçonnerie. Personne ne répondra. Tous ses adeptes ont juré de se taire, — anciennement sur le poignard, actuellement sur le revolver, — et d'être sans pitié pour celui qui faillirait à son serment.

Cette société, véritable protée, change à chaque instant selon les circonstances; tantôt elle est de bienfaisance, de secours mutuel, tantôt elle devient le soutien d'un potentat. Maintenant elle fait de la politique et ne tend à rien moins qu'à s'imposer et dominer l'univers. Tous les moyens lui paraissent bons pour arriver à ce but. Trop faible, numériquement, pour employer la force et imposer ses prétentions, elle déroule la ficelle humanitaire pour ligoter les récalcitrants, les gens qui ne s'inclinent pas devant les décrets évangéliques élaborés dans l'ombre par les vénérables de cette faculté législative.

Leur humanitarisme, leur assistance mutuelle ne s'étend pas en dehors de ses membres et des amis sur lesquels ils peuvent compter. Hors leur camp, le reste des humains n'est pas digne de leur bienfaisance; ils le considèrent comme inférieur, le redoutent, cherchent à l'abaisser, à l'exploiter et à lui nuire, quand ils ne peuvent pas atteindre leur but autrement.

Cette société secrète, qui veut étendre sa domination sur toute la terre et régir tous les États en maîtresse absolue, oublie son lointain passé. Actuellement elle ne veut à aucun prix être considérée comme association religieuse, elle a ses loges, ses temples, ses couvents dont elle a renversé l'*u* pour en faire des convents. Elle se cloître dans ses établissements comme les ordres religieux, comme les congréganistes qui mènent une vie spéciale en dehors de la société.

Quelle est la différence entre les F.·. M.·. et les Frères déchaussés ? Ne font-ils pas, les uns comme les autres, acte de soumission ? ne jurent-ils pas, les uns sur une arme, les autres sur un Christ ? et n'ont-ils pas les uns et les autres le vif désir de semer avec ardeur la bonne parole ? S'ils se traitent en frères ennemis, c'est qu'ils ne veulent pas se partager le gâteau. Cette bonne galette qui attire avec frénésie et fait perdre la raison.

Ce n'est pas pour écouter la messe que les Frères.·. se clôturent dans un temple, c'est pour se mettre au travail. Les uns prennent un costume papal, les autres un costume d'évêque, les autres de curé et enfin les apprentis un costume de séminariste. Cette imposante réunion de gens sérieux, avec ces carapaces de couleurs vives et variées sur la poitrine et le ventre, avec ces ceintures et ces hochets, diffère certainement bien peu d'un évêque et de ses officiants disant la grand'messe.

En quoi consiste le travail de ces lugubres réunions ? Vous ne le saurez pas ; il est expressément défendu, sous peine de radiation, d'expulsion et de menace, de le faire connaître. De sorte que les pensées et les idées émises dans ses convents ne peuvent être publiquement discutées ni combattues, ni prises au sérieux si elles sont bonnes, ni rejetées si elles sont mauvaises. Ce n'est donc que de l'ostracisme, du césarisme, du sectarisme inconscient.

Si on garde le silence sur ce qui se passe dans ces réunions, soyez certain que c'est uniquement dans l'intérêt de la franc-maçonnerie et non dans le vôtre. La majorité de ces chers Frères, gens honnêtes et sans malice, servent de marchepied aux plus ambitieux et aux plus fougueux de leurs collègues. Ils se rendent tous à leur convent comme les sorciers se rendaient, jadis, au clair de lune, dans un lieu désigné pour leurs délibérations. Les francs-maçons du reste ont eu leurs chevaliers du clair de lune qui se rendaient dans un endroit désert pour y tenir conseil. Les sectaires, les détrousseurs de grandes routes et, actuellement, les apaches n'agissent pas autrement. Ils cherchent l'obscurité et l'isolement pour se concerter et préparer la besogne. Qu'il soit sorcier, apache, religieux ou maçon, celui qui travaille dans l'ombre et entoure ses actes de mystère est redouté et en impose.

On ignore ses intentions, on ne sait de quelle puissance il dispose, on craint ses maléfices et c'est ainsi qu'une poignée de lascars peut dominer tout un pays et le bafouer sans qu'on ose élever la voix.

Comparée aux corporations religieuses la franc-maçonnerie me paraît enfantine, tant est grande son infériorité. Ses adeptes, comme des enfants gâtés, se prennent tous au sérieux. Le savetier, le chaudronnier, le marchand de carottes, le porteur de contraintes, le vendeur d'orviétan peuvent arriver par le zèle, le temps et la monnaie, à occuper le dernier gradin d'une loge, à être grands dignitaires et à viser dans le monde une place de préfet ou un siège dans une assemblée législative : un peu de tenue, beaucoup de bagout, un air austère, un peu de générosité bien comprise, cela suffit. C'est le triomphe de la témérité ignorante. En religion, n'importe laquelle, ce n'est pas ainsi que l'on obtient ses grades. On doit se livrer à un long travail intellectuel, avant d'être admis dans les rangs. Il ne suffit pas d'être honnête, généreux et bavard, il faut être savant, se tenir au courant des connaissances humaines, connaître l'histoire physique et morale des temps anciens et s'initier à ce qui se passe actuellement. C'est parmi les plus instruits, les plus sérieux, les plus assidus au travail qu'on distribue les grades. Dans la franc-maçonnerie, au contraire, le plus fieffé crétin, avec un peu de dehors et de savoir-faire, peut devenir un vénérable. Alors, cet ignorant, entouré de prestige, croit que rien n'existe et ne saurait exister en dehors de la franc-maçonnerie, il considère ses concitoyens comme des manants, et les habitants des autres pays, dont il ne connaît même pas la situation géographique, comme des sauvages. Les disciples d'une religion en imposent par leur éducation, leur instruction, leur tenue correcte et leur parole conciliatrice : aimez-vous les uns les autres, disent-ils ; ne faites pas à votre prochain ce que vous ne voudriez pas que l'on vous fît. Leurs adversaires disent : espionnez-vous les uns les autres et plumez votre prochain. Les gens instruits ont évidemment leurs faiblesses, ils se figurent qu'il n'y a plus rien à apprendre, que l'esprit humain est arrivé au summum de toutes les connaissances humaines. Sous l'influence de cette prévention, ils ne croient pas à l'évolution intellectuelle, au progrès des sciences et ils laissent ce qu'ils savent s'attarder dans la routine. Dans cet état de choses, il arrive un moment où leurs adversaires mettent à profit leur imprévoyance, les culbutent et se mettent à leur place.

Ce n'est pas seulement par l'éducation et l'instruction que les représentants des religions en imposent, c'est par une apparente loyauté. Ils opèrent en plein jour, ils appellent à eux le public et le retiennent par d'imposantes cérémonies. Comme les grands-ducs et autres oiseaux de nuit, les francs-maçons semblent redouter la lumière. Ils travaillent dans l'ombre et officient entre eux. On dirait, tant ils se cachent, qu'ils redoutent le ridicule du public. Après tout, ils ont peut-être raison. Mais c'est, à mon avis, une bien grave faute et un manque d'intelligence de n'avoir pas fait l'essai de quelques cérémonies et de n'avoir pas procuré au public ce théâtral plaisir. Pourquoi, comme jadis, dans un temple maçonnique, ne pas remplacer de temps en temps les discours, les discussions par des chants et les coups de marteau par des instruments de musique? Je suis certain qu'on se serait rendu à ces cérémonies avec autant d'empressement qu'à une représentation de l'Opéra, et qu'on aurait applaudi les acteurs aussi chaleureusement. En moins de dix ans de pratique tout le monde aurait désiré venir au monde, se marier et se faire enterrrer maçonniquement.

C'est trop tard maintenant, T.·.C.·.F.·. il faut conserver sa vieille tradition et continuer à s'isoler du public.

Où conduira le bouleversement actuel de l'éducation sociale ? Nul ne le sait. Victor Hugo, le géant de la pensée et de la poésie a dit :

L'avenir n'est à personne
. . . .
A chaque fois que l'heure sonne
Tout ici-bas nous dit adieu.
. . . .
L'avenir, l'avenir mystère.

Prophétiser et escompter l'avenir est inutile, puisque personne ne sait s'il verra finir la seconde qui commence, ni savoir ce qui se passera à la seconde suivante. Laissons dormir le passé et ne remuons ses cendres que pour en retirer d'avantageux enseignements, et occupons-nous du présent puisque le présent, seul, nous appartient. L'évolution morale et sociale qui s'accomplit actuellement en Europe, on en connaîtra le résultat quand nous ne serons plus là. Tout ce que nous pourrions en préjuger maintenant serait incertain. D'une évolution qui commence on peut retarder ou faire dévier le cours, mais espérer la détruire avant qu'elle soit arrivée à sa maturité serait un rêve. Il est heureux, providentiel, pour ainsi dire, que, dans chaque nation, se trouve, comme l'auteur de ce livre, des patriotes instruits, intelligents et désintéressés. Ils voient le danger, ils prévoient l'avenir et instruisent leurs concitoyens sans se préoccuper des conséquences de leur franchise. Ce qu'ils veulent c'est la grandeur, la gloire, la prospérité de la patrie et le bien-être de leurs concitoyens. Depuis longtemps la Turquie était au pillage, les nations étrangères lui prêtaient de l'argent à des taux usuraires. Ses fonctionnaires, depuis le plus infime jusqu'au sultan, ajoutaient à leurs honoraires tout ce qui leur était possible de détourner. Tout le monde en Turquie, même ceux qui profitaient d'un tel état de choses, comprenait que cela ne pouvait pas durer, qu'il fallait en finir, qu'on était très souvent atrocement sévère sur des délits peu sérieux et trop indifférent pour les dilapidations des revenus publics. Il n'y avait peut-être pas un

Turc sur mille qui ne désirât ardemment de sérieuses réformes.

C'est sous l'impression générale de ce sentiment qui n'avait fait que grandir et s'affermir, que la Révolution s'est accomplie sans secousse, presque instantanément.

Soutenus par l'étranger, les affiliés à la maçonnerie ont formé un Comité qu'ils ont nommé *Union et Progrès*, ce qui en indiquait clairement l'origine et se sont aussitôt lancés à l'assaut du pouvoir.

Comme ces régénérateurs étaient presque tous des jeunes hommes à la recherche d'une position sociale, ils ont marché de l'avant avec toute la fougue de la jeunesse. Ils ont naïvement cru gagner en quelques jours ce que les vieux maçons français ont mis trente ans à obtenir. Ils n'ont pas compris qu'avant de se montrer il fallait travailler dans l'ombre et s'emparer successivement de tous les rouages administratifs. Les francs-maçons français, napoléoniens sous Napoléon, républicains à la chute de l'Empire, se sont mis immédiatement à l'œuvre, ils se sont successivement emparés des mairies, de la police, de la magistrature, se sont faufilés dans l'armée, dans la marine, ont envahi le Parlement et, lorsque, au bout de trente ans, ils se sont vus en force, ils ont imposé leurs volontés. Ils n'ont pas, sans préparation, attaqué les institutions du jour au lendemain : ils ont choisi pour leurs soldats les postes les plus avantageux, et cherché dans toutes les classes de la société à faire de nouvelles recrues. Ils ont ensuite attendu le moment favorable pour faire triompher leurs prétentions. Voilà comment ils sont arrivés en France à maintenir une République bien plus autocratique que démocratique. Les T.·. C.·. F.·. jeunes-turcs auraient dû méditer avant d'agir ! Leur précipitation sera probablement la cause prochaine de leur déchéance.

D'ailleurs, quoi qu'il arrive, la destinée des hommes et celle des nations est soumise à un concours de circonstances qu'on ne peut éviter. Les musulmans ont raison de dire : c'était écrit.

L'intérêt de la Turquie est évidemment de tourner les yeux du côté de l'Allemagne ; je ne dirai pas pour lui réclamer des protections, mais pour obtenir son appui moral. Actuellement nous ne sommes plus au temps où le grand Bismarck divisait l'Europe en trois zones dont son pays aurait occupé la centrale. Il eut ainsi intercepté les relations directes des pays des deux autres zones. En ce moment, la Turquie avait tout à craindre des Allemands, et si elle a conservé presque intacte ses possessions européennes, elle le doit certainement à la lourdeur intellectuelle du grand homme dont les Allemands se glorifient. Il rêvait d'arriver par la conquête au nord-ouest jusqu'à l'Océan et au sud-est à la Méditerranée. Quel beau rêve pour son pays : Amsterdam, Rotterdam, d'un côté, et Constantinople de l'autre. C'était folie, dira-t-on aujourd'hui ! et cependant ce projet, qui paraît actuellement insensé, aurait pu se réaliser sans l'étroitesse cérébrale de l'homme qui a pu dire : « La force prime le droit. »

La force prime le droit ! Qu'a-t-elle primé depuis quarante ans ?

Après nos désastres de 1870, on était émerveillé du génie de Bismarck. Aucun pays n'avait encore eu un homme d'État, un politicien de cette valeur. Les Français eux-mêmes, sous l'impression de leur défaite, lui tressaient de laudatives couronnes. Un jour qu'en ma présence on faisait son éloge : « Votre grand homme d'État, m'écriais-je, n'est qu'un buveur de bière. L'Alsace-Lorraine est son Waterloo. En enfonçant ce clou dans le pied de l'Allemagne, il en arrête la marche et l'immobilise pour longtemps. Au lieu de l'Alsace-Lorraine, s'il eût réclamé à la France quelques milliards de plus, en peu d'années notre défaite eût été oubliée. Les plaies d'argent se cicatrisent vite, pendant que les plaies territoriales ne se cicatrisent presque jamais ! Cette cicatrisation opérée, l'alliance franco-allemande était fatale. »

Notre vainqueur a reconnu plus tard que sa prétendue victoire était en réalité une défaite, qu'il ne pouvait plus aspirer à la réalisation de ses projets. Et ce loyal serviteur a cherché à mettre la responsabilité de sa fausse manœuvre à l'actif de son souverain. Qu'importe ! Les Allemands peuvent dire de leur grand homme d'État « notre cher Bismarck », car ils savent actuellement ce que leur a coûté depuis quarante ans le *Traité de Francfort*.

Avec ces stupidités : la force prime le droit ; toute peine mérite *salaire* et autres semblables, on fait le tour du monde et on est reçu partout avec admiration. On ne connaît ni le sens, ni la portée de ces funambulesques expressions et tout le monde en est émerveillé. Les prolétaires disent : si la force prime le droit, nos biceps sont autrement puissants que les effluves de la pensée et les conceptions cérébrales.

Le grand Bismarck a cru à ces paroles et il est mort dans l'impuissance.

Pour apprécier l'influence de cette expression antisociale, il suffit, à tête reposée, de s'adresser cette question : qui domine actuellement en Europe ? Est-ce les présidents, les rois, les empereurs, les tsars, les padischahs ou l'anarchie ? N'est-ce pas elle qui domine actuellement ? Les dieux s'en vont, l'anarchie les remplace. On préfère au temple des prières, les temples maçonniques où les grands prêtres et leurs assistants officient en secret. Nos ancêtres se soumettaient au mystérieux divin, leurs descendants, gens de progrès, se soumettent au mystérieux humain.

La Turquie a vu tout à coup sortir de son sein une puissance occulte, elle l'a considérée comme une libératrice, comme un adversaire du despotisme et, comme les autres nations, elle est passée du despotisme à l'anarchie. Sortir du despotisme pour tomber dans l'anarchie, c'est briser une chaîne pour être enchaîné par un plus grand nombre d'autres chaînes.

La Révolution ottomane nous donne la clef de cette transition. Ce livre, documenté, est rédigé avec soin par un homme qui a su conserver son indépendance et qui a suivi sans parti pris le déroulement des événements. Si on y trouve à chaque instant les vibrations du patriotisme et du grand amour pour ses concitoyens, aucune pensée malveillante, aucune expression choquante ne vient troubler l'imposante sincérité de cet écrit. C'est l'œuvre d'un indépendant, que soutient l'espoir d'être utile à sa patrie et qui se contente d'enregistrer méthodiquement les faits et de les analyser sans passion.

Cet ouvrage, comme un solide monument, permettra aux générations futures de s'initier à la troublante histoire de l'évolution sociale de notre époque.

Dr F. JOUSSEAUME

AVANT-PROPOS

Quelle est ma tâche? C'est de présenter au lecteur sans préparation artificielle, sans arrière-pensée, de premier jet, mes impressions du moment, sur les événements que mon pays a traversés, pendant les deux années de Révolution. Ennemi déclaré de l'absolutisme yildizien que la Turquie a subi pendant de longues années, je me serais réjoui si l'initiative des réformes constitutionnelles était venue du sultan lui-même. Cela n'a pas été ainsi, malheureusement. Sous la poussée d'une société secrète, la franc-maçonnerie, quelques officiers réussirent à imposer au sultan Abdul-Hamid le rétablissement de la fameuse Constitution de Midhat. Puis, une association secrète, organisée par la maçonnerie, sous la dénomination de Comité *Union et Progrès* s'empara du pouvoir et exigea du sultan la remise de toutes les forces du pays. J'ai vu l'écueil sur lequel nous allions jeter la Turquie. J'ai donc attaqué l'*Union et Progrès* dès sa formation. Puis, trompé par les fallacieuses déclarations de la loge *Union et Progrès*, par ses machinations, ses intrigues, ses hypocrisies, j'ai abandonné mes attaques, aux journées insurrectionnelles d'avril 1909. Neuf mois me suffirent pour percer à jour de nouveau les manœuvres du Comité. Des hommes d'État et surtout l'ancien ministre de Turquie en Suède, Chérif pacha, me démontrèrent avec évidence que mes premières impressions sur le Comité étaient fondées, que l'*Union et Progrès* était une Société qui avait pour tâche la désagrégation de l'Empire ottoman. Avec le concours de ma nouvelle documentation, j'ai donc rectifié les erreurs de mes notes, sur la période pendant laquelle j'ai soutenu involontairement le règne néfaste de ceux qui commirent, en proportion, plus de méfaits en Turquie, pendant deux années de pouvoir, que le régime yildizien durant trente-trois ans d'absolutisme.

Lecteur impartial, lorsque vous aurez lu ce livre, suivi toutes les péripéties de cette crise, je suis convaincu que votre conclusion sera la mienne. Sans Allah, sans padischah gouvernant effectivement, avec une succursale de la maçonnerie souveraine telle que la loge *Union et Progrès*, la Turquie, qui se trouve encore en plein état théologique, est vouée à une mort certaine dans un bref délai.

LA RÉVOLUTION OTTOMANE

CHAPITRE PREMIER

Aout 1908

L'origine de la Jeune-Turquie. — Le rôle de Midhat pacha. — L'établissement de l'Angleterre en Egypte. — L'influence allemande et le sultan Abdul-Hamid. — Le contrôle européen en Macédoine. — Révolte de l'armée de Roumélie. — Saïd et Kiamil pachas. — L'apparition du Comité *Union et Progrès*. — Appréciations.

On sait que les Ottomans ont professé, durant de longs siècles, un très grand mépris pour la civilisation occidentale et qu'ils demeuraient, jadis, immuablement figés dans leurs traditions et leurs coutumes. Cet état de choses ne pouvait durer indéfiniment. C'est l'honneur du sultan Sélim III (1789-1807) de l'avoir compris le premier. Il commença par un essai de réforme au sujet de l'armée. Mahmoud II, après lui, supprima les janissaires et mit l'armée sur le pied européen. Plus tard, Abdul-Médjid (1839-1861) entreprit diverses réformes d'ordre administratif et judiciaire. Les pachas Ali (mort en 1871) et Fuad (mort en 1869) continuèrent cette œuvre. Il s'agissait pour eux de faire disparaître progressivement les inégalités civiles existant entre les sujets du sultan, en raison de leurs religions. A côté d'Ali et de Fuad, nous rencontrons Midhat pacha. Après avoir travaillé avec eux, il leur survécut. Mais c'était un esprit chimérique, croyant à l'effet salutaire des assemblées, des discours, des élections. C'est de lui que Fuad disait :

Cet homme voit dans le régime parlementaire un remède à tous les maux, sans se douter que la politique est rebelle aux panacées, encore plus que la médecine.

Midhat fit adopter, en 1876, une Constitution comportant une Chambre des députés et un Sénat. Cette Constitution plaçait en fait la souveraineté dans le Parlement. Le sultan devait régner et ne pas gouverner.

Mais Midhat commit une imprudence, qui révéla clairement les dessous de l'affaire. Sans consulter ni le souverain, ni le Parlement, il adressa au Foreign Office une dépêche, dans laquelle il demandait que sa Constitution fût solennellement garantie par un instrument diplomatique portant, avec la signature du sultan, celle des puissances européennes. Quand Abdul-Hamid apprit ces choses, il entra dans une violente colère et condamna son ministre au bannissement. La Constitution avait vécu.

Les Anglais, jugeant sans doute le personnage trop maladroit, l'abandonnèrent. Ils encouragèrent, au contraire, les tendances absolutistes du sultan, sous prétexte de défendre les intérêts ottomans contre les ambitions russes (guerre russo-turque de 1877-1878). En réalité, ils voulaient endormir sa vigilance, pour mettre plus facilement la main sur l'Egypte (1882).

Les idées politiques de Midhat pacha ont gardé une certaine faveur dans les milieux jeunes-turcs. Cependant on ne doit rien exagérer. Il s'en faut que sa fameuse Constitution soit un article fondamental de leur programme. Il n'en est ainsi que parmi ceux qui puisent leurs inspirations à des sources suspectes. La plupart sont ce que j'appellerai des patriotes-réformistes, qui placent le salut de leur pays au-dessus de tout.

Après l'établissement de l'Angleterre en Egypte, on comprit vite, à Constantinople, que les intérêts de cette puissance exigeaient un affaiblissement de la Turquie. D'une part, en effet, le prestige du padischah est toujours grand sur les bords du Nil ; d'un autre côté, mille petits faits démontrent que le Foreign Office songe à l'Arabie. Abdul-Hamid étant le chef suprême de l'Islam, — la Perse et le Maroc exceptés, car les musulmans de ces deux pays forment des groupes schismatiques, — l'impérialisme britannique s'accommoderait fort bien de voir abattre cette tête.

Ceci explique pourquoi nous avons accepté les

avances de l'Allemagne, laquelle se contente d'obtenir des avantages commerciaux. Ceci explique également que je n'hésite pas à dire : il faut chercher à Londres le point de départ des événements actuels.

On doit pourtant faire la part de certains abus très graves dont nous avons eu beaucoup à souffrir. Depuis de longues années, le sultan était le prisonnier d'une camarilla qui le dominait, en lui faisant croire qu'il ne pourrait faire un pas hors de son palais, sans rencontrer des conspirateurs à chaque instant. Cette bande avait réussi à le séquestrer et à mettre le pays en coupe réglée. C'est la même bande qui doit être tenue pour responsable de la plupart des événements qui ont indigné l'Europe. L'Allemagne avait complètement négligé de faire entendre à Constantinople les sages avertissements d'une nation amie.

J'arrive maintenant aux faits. Tout le monde sait qu'il y a, en Macédoine, une gendarmerie commandée par des officiers européens. Le chef de cette gendarmerie est un Italien. Le fait a de l'importance, si l'on songe que l'Italie a des visées sur la Tripolitaine et sur l'Albanie.

A côté de la gendarmerie, il y a la troupe turque, commandée par des officiers turcs. Vous pensez bien que ces derniers se trouvaient humiliés par la présence, dans leur propre pays, d'officiers étrangers. De plus, ils avaient beaucoup à se plaindre de la camarilla d'Yildiz-Kiosk, qui les faisait espionner et qui les tracassait sans cesse.

Un jour, obéissant on ne sait à quelles suggestions, ils se révoltèrent, et emmenèrent leurs troupes dans la campagne, hors des garnisons qui leur sont assignées. A cette nouvelle, le sultan fut effrayé. Il réunit un Conseil extraordinaire pour examiner la situation. A ce Conseil prirent part deux personnages dont il importe de retenir les noms : Saïd pacha et Kiamil pacha. Ce sont eux qui ont obtenu, non seulement que la camarilla d'Yildiz-Kiosk fût chassée, — tous les honnêtes gens étaient d'accord là-dessus, — mais encore que la Constitution fût rétablie et le Parlement convoqué.

Il est très important de connaître le passé de ces deux personnages.

Saïd pacha est un ancien élève de l'École de Woolwich, en Angleterre. Il a été plusieurs fois vizir. Ses divers vizirats ont assez bien coïncidé avec les périodes durant lesquelles l'influence anglaise se faisait sentir chez nous. En 1895, il était tombé en disgrâce, et, craignant, à tort d'ailleurs, pour sa vie, il se réfugia à l'ambassade anglaise.

Kiamil pacha est un ancien gouverneur de Smyrne. Tandis qu'il occupait ce poste, son fils, affilié à une bande de brigands, obtenait de la faveur paternelle toutes sortes de ménagements pour ces derniers. Il allait être poursuivi pour ces faits si graves, quand il se réfugia au consulat anglais. Durant la guerre anglo-boer, il se fit remarquer par son empressement à porter ses félicitations chaleureuses au représentant de la Grande-Bretagne.

Saïd et Kiamil sont bien connus pour leurs sentiments anglophiles. Le premier est, aujourd'hui, grand vizir. Le second, ministre sans portefeuille, se tient prêt à remplacer Saïd, en cas de besoin.

Certains journaux annoncent qu'un Comité (1) jeune-turc veille tantôt à Monastir et tantôt à Salonique. Je ne sais de qui se compose ce Comité. Mais je note qu'il tient ses assises dans des villes frontières, comme s'il attendait un mot d'ordre de l'extérieur. Je note aussi que certains Turcs exilés demandent, comme jadis Midhat pacha, que les puissances européennes garantissent la Constitution. Et je crois pouvoir conclure que les vrais agitateurs de notre pays ne sont pas des Ottomans.

Voici maintenant mes appréciations sur la situation actuelle en Turquie.

C'est un grand bonheur pour nous que le sultan se soit débarrassé des parasites qui l'avaient fait prisonnier. Par ce seul fait, si important, il a reconquis toute la confiance de son peuple. Pour ce qui est de la convocation du Parlement, c'est autre chose. Si celui-ci ne veut pas se borner à contrôler les finances, à faire connaître les besoins des diffé-

1. Comité *Union et Progrès*.

rentes provinces, à proposer des remèdes là où le besoin s'en fait sentir ; s'il veut empiéter sur l'autorité du souverain, s'il veut que celui-ci règne et ne gouverne pas, nous tomberons dans l'anarchie.

CHAPITRE II

SEPTEMBRE 1908

La mort du ministre de la Guerre jeune-turc Redjeb pacha. — Inquiétudes de l'Angleterre. — Rivalités anglo-allemandes. — Prévision de soulèvements en Asie Mineure et en Albanie.

Les journaux viennent d'annoncer la mort de Redjeb pacha, récemment appelé au ministère de la Guerre. C'est pour nous une perte immense. Il avait la confiance de tous les Turcs patriotes. Placé à la tête de notre armée, qui est notre sauvegarde, il pouvait faire aboutir heureusement le mouvement actuel, en assurant l'ordre à l'intérieur et la défense à l'extérieur. C'était un homme d'un caractère très ferme et d'une intégrité irréprochable. Il disparaît à un moment bien opportun pour certains intérêts, et je suis porté, quant à moi, à trouver sa mort singulière.

Il est certain que l'Angleterre ne se trouve pas satisfaite de la tournure qu'ont prises les choses. Il y a trop de patriotisme chez les Jeunes-Turcs et l'armée du sultan est trop forte, trop disciplinée. Notre Constitution elle-même, malgré toutes les concessions qu'elle fait à la manie parlementaire et législative, laisse de puissants moyens d'action aux mains du souverain. Enfin, ironie des choses, l'œuvre de l'anglophile Midhat pacha, conçue à une époque où les Anglais ne s'étaient pas encore implantés en Égypte, accorde aux habitants de cette province le droit d'envoyer des représentants au Parlement.

De plus, on n'a pas tout dit, quand on a signalé les succès britanniques, pour séparer entièrement l'Égypte et l'Arabie de Constantinople. Il y a encore la grosse question du chemin de fer de Bagdad, sur laquelle il importe que le public soit renseigné avec exactitude.

On sait que l'Allemagne a obtenu la concession d'une ligne ferrée partant de Constantinople, traversant toute l'Asie Mineure et aboutissant au golfe Persique. Cette ligne est actuellement construite jusqu'au pied du Taurus. Mais les capitaux manquent présentement et retardent l'achèvement des travaux, au bout desquels les Allemands voyaient déjà une station de charbon dans le golfe Persique.

Or, il y a d'autres chemins de fer intéressants en Asie Mineure. Il y a la ligne française de Beyrouth à Damas, et la ligne turque de Damas à Médine. Celle-ci a une grande importance pour les musulmans de tous pays qui se rendent à La Mecque. Supposons maintenant que la France cède à l'Angleterre la ligne de Beyrouth à Damas. Rien ne serait plus facile que de construire une ligne de Damas à Bagdad, car la région à traverser n'offre aucun obstacle sérieux et il n'y aurait à exécuter aucun des grands travaux qui seront nécessaires pour franchir le Taurus. Du coup, les projets allemands seraient fauchés. Et par surcroît, l'Angleterre serait maîtresse de la ligne conduisant à Médine, c'est-à-dire de la route de La Mecque.

Je m'attends à ce qu'on nous annonce, un de ces jours, qu'il y a eu des chrétiens massacrés du côté de Beyrouth. Immédiatement, la flotte anglaise qui est à Chypre, c'est-à-dire à deux pas, prendra le chemin de ce port, et le reste suivra de près. Ces occasions naîtront facilement. Justement, en Turquie d'Asie, où le désir de réformer le régime était beaucoup moins vif que parmi les populations de la Turquie d'Europe, on voit s'esquisser un mouvement rétrograde. Bientôt, peut-être, les prétextes ne manqueront pas pour que les navires de Chypre se montrent à Beyrouth.

D'un autre côté, si les menées souterraines ne réussissent pas en Asie, on aura la ressource de la Macédoine. Cette province semble avoir retrouvé une tranquillité complète. La raison en est simplement que les perturbateurs albanais, qui y causent trop souvent du désordre, ont reçu de l'argent pour se tenir tranquilles. Il fallait les calmer provisoirement, avant qu'éclatât la révolte des officiers turcs, point de départ des événements ; sans quoi ils auraient été trop heureux de répondre à l'appel du sultan les invitant à châtier les rebelles. On doit se souvenir que cet appel s'est produit, en effet, mais vainement. C'est ce vain résultat qui a effrayé Abdul-Hamid et l'a décidé à rétablir la Constitution. Mais ces mêmes Albanais descendront à nouveau de leurs montagnes, quand ils auront dissipé l'argent qu'on leur a donné ou quand on les aura habilement excités. Alors nous verrons de nouveau une certaine presse réclamer l'intervention européenne pour « protéger les chrétiens de Macédoine ».

CHAPITRE III

Octobre 1908

Le Comité veut renoncer à l'Égypte pour plaire aux Anglais. — Il viole les prérogatives du sultan. — Les midhatistes se réclament des dantoniens. — Ils acceptent néanmoins l'usurpation bulgare : la perte définitive de la Roumélie orientale et les conséquences de cet abandon.

Le Comité *Union et Progrès* informe les Ottomans qu'ils ne doivent ni écrire, ni inspirer des articles sur l'Egypte pouvant froisser l'Angleterre. Ceux qui en écriront, après cet ordre, seront considérés, dit l'*Union et Progrès*, comme traîtres à la patrie.

Nous avons enfreint cette injonction, naturellement, avec toute la modération qu'exigent les difficiles débuts de notre régénération. Mais ce n'est pas suffisant ; il faut, paraît-il, imiter sur cette question le silence prudent de Conrart. Il faut, en un mot, oublier que l'Egypte est une province privilégiée de l'Empire ottoman, que le vice-roi de ce pays reçoit l'investiture du sultan, son suzerain, que les privilèges locaux concédés à l'Egypte ne peuvent être transmis à d'autres puissances. Il faut oublier que la Turquie n'a jamais reconnu l'occupation anglaise. Enfin pendant que les autochtones des rives du Nil gémissent sous le joug du proconsulat britannique, pendant qu'ils tendent désespérément les mains vers la mère-patrie émancipée, nous étoufferions nos sympathies, nous renierions nos compatriotes, au nom de je ne sais quelle condescendance envers l'Angleterre. Et tout cela pour la puissance qui nous poussa à la guerre contre la Russie en 1877, qui nous enleva Chypre, qui posa les premières assises de l'absolutisme yildizien, et qui, en 1882, occupa l'Egypte pour ne plus la quitter, sans compter les vies et les dépenses que nous coûtèrent ses menées en Arabie et en Arménie.

Il est incontestable que nous devons garder une parfaite égalité dans nos relations avec les puissances européennes. Nos sympathies pour les unes ne doivent pas être regardées comme des antipathies pour les autres. Ceci au point de vue économique et financier. Or, depuis la proclamation de la Constitution, tous les actes de nos gouvernants sont contraires à ce principe. Le ton des discours, des manifestations, des articles de journaux le prouvent d'une manière lumineuse.

Comme nous l'avions prévu, Saïd pacha, qui avait succédé au grand vizir de l'ancien régime Férid pacha, a cédé le sceau de l'Empire à Kiamil pacha. Les rênes de l'État sont donc entre les mains de Kiamil, octogénaire sans énergie, sans indépendance, et serviteur avéré de la Grande-

Bretagne comme son prédécesseur immédiat. On a donc retiré le sceau de l'Empire à Férid pacha, homme politique, honnête, qui n'a jamais été compromis avec la camarilla, qui a rendu des services au pays, simplement pour faire sentir à l'Allemagne que son influence en Turquie a vécu. Kiamil pacha est la garantie donnée à l'Angleterre que désormais toutes nos sympathies iront vers elle. Et ceci apparaîtra d'autant plus important, lorsqu'on saura que le grand vizir, sous le régime actuel, est effectivement le souverain civil de l'État. Le sultan, s'il veut s'en débarrasser, ne le peut sans le consentement des Chambres.

Un autre défaut du régime nouveau, c'est la puissance anonyme du Comité *Union et Progrès*. L'anonymat est la plus pernicieuse des institutions européennes. Eh bien, notre vigilant Comité a admis ce mode. Personne ne signe les ordres de cette association. *Union et Progrès* est partout et nulle part. Les membres actifs sont inconnus, encore moins les chefs. Il serait de leur devoir de se faire connaître à la veille des élections, de nous prouver qu'ils ne briguent aucun mandat, qu'ils ne pèsent pas sur les électeurs et qu'ils resteront toujours en dehors de la corruption parlementaire. Au moins ainsi ils atténueraient ce pouvoir occulte qui leur donne tous les droits sans assumer des devoirs.

Tout Ottoman, conscient de ses devoirs envers la patrie, sait que la France est pour nous, de longue date, une nation amie. Le sang que son armée versa pour l'indépendance turque pendant la guerre de Crimée a cimenté l'amitié des deux pays.

La diffusion de la langue française parmi les Turcs est venue encore resserrer ces liens. D'autre part, l'Ottoman doit une reconnaissance indéniable à l'Allemagne qui a réorganisé l'armée turque et l'a mise sur le pied d'une armée européenne. Il ne faut pas oublier aussi que, dans les périodes difficiles des affaires de l'île de Crète, des démonstrations navales, et des mille vexations auxquelles nous étions voués, l'Allemagne nous a soutenus, sinon par chevalerie, du moins plus loyalement que ne nous ont soutenus jadis les Anglais.

Le fondement de la puissance turque est le califat. Le sultan a des devoirs qu'il ne peut méconnaître sous peine de déchéance, mais il a aussi des droits. Le souverain de l'Empire ottoman doit être, sous un gouvernement normal, l'arbitre suprême de notre politique, surtout des relations extérieures. Il est oiseux de dire cela à des Turcs patriotes ; car c'est l'A, B, C de l'ordre et de notre salut. En 1876, les midhatistes eux-mêmes ont si bien compris la nécessité d'un souverain indépendant, libre, que leur Constitution en était inspirée dans plusieurs de ses articles.

Les Jeunes-Turcs, qui nous gouvernent depuis deux mois et qui ont repris cette Constitution, nous ont promis de l'appliquer loyalement. D'autre part, le sultan a juré sur le Coran d'en observer tous les articles. Enfin, le pays put vivre quelques heures d'enthousiasme. Le sultan Abdul-Hamid regagna bien vite la popularité des premiers temps de son avènement. Jamais plus, croyait-on, la Constitution ne serait violée. Le padischah était trop heureux de faire oublier à la nation l'ignoble régime de son néfaste entourage pour songer un instant à se parjurer.

On était émerveillé de l'habileté des promoteurs de cette Révolution. On louait leur sagesse, on se fiait à leur patriotisme. Mais il a fallu bien vite se désillusionner. Nos gouvernants se sont empressés de violer, les premiers, la Constitution. Nous avons dit comment, dans nos précédentes notes. Les succès faciles des débuts les ont grisés. Ils n'ont pas eu même la prudence de dissimuler leurs attaches. Ils ordonnèrent aux journaux, qu'ils ont déjà domestiqués, des dithyrambes déplacés sur la magnanimité anglaise. En même temps, ils faisaient circuler des articles blessants à l'adresse de l'Allemagne. La presse ottomane, dont le mutisme était proverbial sous l'ancien régime, emboucha avec maestria la trompette de la calomnie et du chantage. Cela n'a pas suffi. On sait l'amitié qui lie le sultan à l'empereur d'Allemagne, on sait aussi que cette sympathie des deux souverains a été d'un grand secours pour la Turquie, pendant les périodes critiques des menées qui ne sont pas bien lointaines. Le sultan a gouverné personnellement jusqu'ici. De ce fait, il échangeait quelquefois, par chiffres, des correspondances avec ses ambassadeurs accrédités à l'étranger, particulièrement avec celui de Berlin. Ce dernier était chargé, souvent, de transmettre les communications de son souverain à l'empereur d'Allemagne ou à son chancelier. Les monarques les plus entichés de constitutionnalisme n'agissent pas autrement, lorsque l'intérêt supérieur du pays exige ces sortes de communications. Cette manière d'agir est même prévue par la Constitution. Le sultan, en agissant ainsi, n'outrepassait nullement les prérogatives de sa souveraineté. Mais le Comité qui gouverne la Turquie n'entend pas de cette oreille. Pour les membres de ce Comité, le sultan est un zéro, un suspect, un espion qu'il faut surveiller, qu'il faut détester. Ils ne le gardent sur le trône qu'à seule fin de tromper les populations loyalistes de l'Empire. Or, le Comité a signifié, par voix de presse, au sultan, qu'il lui était interdit désormais de correspondre avec ses ambassadeurs accrédités auprès des puissances européennes, sans soumettre le contexte de ses dépêches aux membres de l'*Union et Progrès*.

C'est la destruction pure et simple de la hiérarchie. Le couteau sur la gorge, Abdul-Hamid, auquel on veut faire jouer le rôle du roi capétien Louis XVI, est, de plus, non seulement obligé de se soumettre aux fantaisies de nos métaphysiciens, mais encore contraint de dire bien haut, aux délégations musulmanes d'Asie qui viennent s'enquérir de sa situation, qu'il est très heureux de cet état de choses et qu'il est même à la tête de cette anarchie. Certes, cette duperie ne durera pas un lustre. Les maladroits qui nous gouvernent, et qui se jetèrent si bénévolement dans les bras de l'Angleterre se repentiront amèrement bientôt, mais leurs fautes pourraient nous ramener le despotisme.

Déjà, la fragilité de la Révolution éclate à tous les yeux. L'Asie l'a prise en aversion. La Bulgarie, jusqu'ici soutenue par l'Angleterre et lâchée avec désinvolture depuis quelques mois, recherche des appuis ailleurs, pour reprendre l'agitation en Macédoine. La mainmise de la Bulgarie sur les chemins de fer turcs de la Roumélie en est un symptôme. C'est un affront qui ne peut se relever que par une guerre ou une capitulation, plus ou moins déguisée devant l'usurpation bulgare. La principauté est d'autant plus audacieuse qu'elle sait, de bonne source, qu'il n'y a plus d'autorité responsable en Turquie. Elle sait encore qu'actuellement, une mobilisation des troupes d'Asie, c'est la chute de la Jeune-Turquie. Les premiers coups de fusil seront pour les geôliers du sultan. Les agents en déconfiture de l'ancien régime, très au courant de la situation du pays, se sont certainement empressés de renseigner le gouvernement bulgare.

A Constantinople, le cheik-ul-Islam est tenu responsable, par les musulmans, des humiliations que subit le sultan Abdul-Hamid. Nous savons que ses pairs l'ont menacé publiquement d'une déchéance, s'il ne rappelait pas, par un fetva, le Comité *Union et Progrès* au respect dû au sultan. Le malheureux est prisonnier de sa conscience, dans la demeure que nos gouvernants lui ont assignée. Et, combien d'autres entraves ne rencontrent pas nos hommes d'État et de paille dans leurs soi-disant réformes, pastichées d'après les plus décriés des systèmes occidentaux.

Nous ne sommes qu'au début de l'ère nouvelle. Lorsque le Parlement sera réuni, nous assisterons, on nous le fait pressentir par des programmes tendancieux, à la mise en accusation du sultan. Pour cela, il suffira d'un projet signé par dix députés non musulmans pour que, du haut d'une tribune, on puisse discuter publiquement une loi de châtiment pour le calife. Voilà comment nos politiciens essayent de familiariser la dynastie d'Osman avec le constitutionnalisme. Je les défie de trouver un seul prince conscient de ses devoirs qui voudrait pactiser avec de tels principes et avec une semblable morale.

Je tiens encore à noter un fait important. Il y a quelques semaines nos politiciens furent informés que les Égyptiens patriotes allaient tenir un Congrès à Genève. Le but de cette réunion était de s'entendre pour demander au sultan l'octroi d'une

Constitution et d'inviter les Anglais à évacuer l'Egypte. Il n'y avait là rien qui pût offenser personne, sauf les néo-midhatistes. L'Angleterre craignit que les rares journaux indépendants de Stamboul ne profitassent de cette circonstance pour exposer, pour la première fois depuis 1882, l'historique de l'usurpation anglaise. La censure de l'ancien régime ressuscita immédiatement et l'*Union et Progrès* se déshonora à jamais en nous communiquant une circulaire que j'ai commentée au commencement de ce chapitre. La voici *in extenso* telle qu'elle a été dépêchée à la presse constantinopolitaine. Je l'emprunte au journal de Péra, *The Oriental Advertiser* du 3 septembre :

Une circulaire du Comité central *Union et Progrès*.

Le Comité central ottoman *Union et Progrès* de Salonique nous adresse, ainsi qu'à toute la presse, une dépêche télégraphique ainsi conçue :

« Nous vous recommandons de ne rien écrire pouvant nuire à l'Union ottomane, ou pouvant blesser les sentiments des diverses nationalités de l'Empire. La presse ne doit pas publier d'articles attaquant l'honneur des hommes au pouvoir. Elle doit absolument s'abstenir de parler de questions d'Égypte, de Bosnie, des provinces privilégiées. Dans le cas contraire, ceux qui écriront ou feront écrire de tels articles seront considérés comme des traîtres de la patrie. Nous le leur rappelons pour la première et dernière fois. »

L'honneur des hommes au pouvoir, l'abstention

de parler de la Bosnie, etc., dans ce libelle ne sont que prétextes pour égarer les soupçons de l'asservissement de nos révolutionnaires à leur politique britannique.

CHAPITRE IV

Novembre-Décembre 1908

Mécontentement de l'armée. — Visite de l'ambassadeur d'Angleterre au siège du Comité *Union et Progrès.* — Conversation d'Ahmed Riza avec l'ambassadeur de la Grande-Bretagne. — Annexion de la Bosnie-Herzégovine par l'Autriche. — Difficultés austro-turques. — Antipathie justifiée des Ottomans contre les dirigeants du nouveau régime. — Le peuple proteste contre la violation de la morale musulmane. — Un chrétien veut épouser une musulmane ; il est assassiné. — Conséquences de ce drame. — Manifestation des ulémas contre le Comité. — Celui-ci brave l'opinion publique. — Opinions et réflexions d'un savant qui connaît l'Orient et particulièrement l'Arabie. — Opérations électorales : corruption, marchandages, bagarres. — Plaintes, récriminations des musulmans : Ils demandent le respect des traditions. — Ahmed Riza bey et Kiamil pacha. — Le second jugé par le premier. — Assassinat politique du général Ismaïl Mahir pacha. — Husséin Hilmi pacha ministre de l'Intérieur. — Le Comité *Union et Progrès* et le parti l'*Union libérale.* — Réflexions sur Husséin Hilmi pacha.

L'anarchie métaphysique dans laquelle nos gouvernants pataugent ne peut plus se dissimuler malgré les fausses nouvelles. Les moins clairvoyants politiques commencent à voir les fissures de l'édifice. Les Albanais qui apportèrent un fort appoint à la Révolution de juillet relèvent déjà la tête. Tous les jours on signale des cas d'indiscipline dans les IIe et IIIe corps d'armée. Ce sont les soldats qui crient en manière de protestation : « Vive le sultan ! » Pouvait-il en être autrement dans un pays comme le nôtre, où l'influence ne s'acquiert par les chefs que lorsqu'ils sont soumis sans restriction au sultan. Nos officiers révolutionnaires n'ont pas la confiance des soldats. Au lieu de gagner du terrain en Asie, la Révolution en perd dans son propre foyer, la Turquie d'Europe. Tous les jours on voit se détacher de la Jeune-Turquie les plus sincères et les plus enthousiastes de ses partisans.

Pour ceux que guide le cœur et non le gousset, pour ceux qui s'inspirent de la noble émulation du patriotisme de la Révolution française, l'illusion est, en effet, facile à dissiper. Les midhatistes, qui pastichent soi-disant la Révolution française, font rire ceux qui connaissent les épopées militaires des sans-culottes. Les dantoniens avaient pour eux ce patriotisme ardent, cet enthousiasme que les Jeunes-Turcs ont relégué comme des accessoires ridicules. Perdre, par la Roumélie orientale, une province, un tribut et un chemin de fer de première importance ; se voir menacer d'autres usurpations qui ne tarderont pas à entrer dans les faits ; cela est indifférent au vieux retors Kiamil pacha. L'important c'est de plaire à l'Angleterre et de faire de bonnes élections pour le Parlement. A cet effet, le gouvernement a envoyé quelques bataillons de rebelles en Asie, pour contraindre les populations à voter, les ulémas ayant prêché aux musulmans l'abstention de cette consultation qui aurait pour conséquence l'absurde choix des supérieurs par les inférieurs. On a imaginé aussi, pour adoucir l'usurpation bulgare, le système des compensations. L'Angleterre, la grande amie, la Russie, la France et même l'Allemagne se mettraient d'accord, pour abolir les capitulations qui pèsent de tout le poids de l'injustice sur notre évolution. Quel succès, quelle revanche éclatante si cela était réalisable actuellement. Ainsi, nous n'aurions plus les honteux marchés, les pirateries légales des chevaliers du chantage et de l'intrigue, qui, sous le couvert des capitulations, ont mis notre pays à l'encan. Mais il faut déchanter. Cette abolition n'est qu'un expédient, un tremplin politique de l'*Union et Progrès*. Les membres influents de ce Comité savent d'avance qu'on ne nous accordera même pas le retrait des bureaux de poste étrangers. Jamais, ni la Russie, ni l'Angleterre ne consentiront à lâcher la bonne proie que nous sommes. Cette fameuse compensation vaut ce que valent souvent, en Occident, les programmes électoraux.

Pourtant, il faut à nos gouvernants quelques faits positifs, pour stimuler l'enthousiasme des naïfs. Il faut s'appuyer sur quelque chose pour mater le sultan. Car toute la politique néo-turque est là : tous les actes du gouvernement doivent converger au rabaissement du padischah. C'est également le but de la politique britannique. Pour cette besogne, l'Angleterre a trouvé des auxiliaires parmi les cheiks de l'Arabie, puis, parmi les Arméniens, puis, parmi les Bulgares. Aujourd'hui, elle a l'insigne satisfaction de trouver des auxiliaires parmi les Turcs eux-mêmes. C'est plus qu'elle n'en espérait. Rien ne peut plus être refusé à de semblables auxiliaires. Le Comité *Union et Progrès* avait perdu son prestige à Constantinople, à la suite de l'érection de la Bulgarie en royaume. Eh! bien, l'Angleterre viendra apporter le poids de son influence au Comité. L'ambassade d'Angleterre, il y a à peine six mois, refusait de s'entretenir avec les envoyés du sultan, sous prétexte qu'elle ne voulait traiter d'affaires qu'avec le padischah, directement, ou bien avec son grand vizir. L'ambassadeur d'Angleterre se présente aujourd'hui, officiellement, au sein du Comité *Union et Progrès*. Voici dans quels termes laconiques, mais suggestifs, est racontée cette visite par M. Urbain Gohier, rédacteur au *Matin*, et momentanément correspondant de ce même journal à Constantinople :

Constantinople, 12 octobre. — Au fond du cœur, le Turc veut la guerre. Mais la prudence politique et les sentiments humanitaires des intellectuels retardent seuls l'explosion. Le fait important de la journée est la visite de l'ambassadeur d'Angleterre au siège du Comité *Union et Progrès*.

J'ai constaté personnellement que l'ambassadeur d'Angleterre est resté trois quarts d'heure en conversation avec Ahmed Riza bey, qui dirigea le *Mechveret* à Paris, qui fut et reste l'âme de la Révolution.

La signification de cette démarche, à cette heure, doit être comprise, tant au palais pour l'intérieur, qu'à Vienne et Sofia.

M. Gohier nous dit que la prudence politique et les sentiments humanitaires des intellectuels retardent seuls la guerre.

Voici pourquoi la Turquie-Nouvelle n'a pas déclaré la guerre : il n'y a actuellement que deux corps d'armée du nizam dans la Turquie d'Europe. Les officiers de ces deux corps sont dévoués au nouveau régime, c'est-à-dire au Comité *Union et Progrès*, parce que celui-ci leur a payé l'arriéré de leur solde, mais aucun paiement de même nature n'a été fait aux officiers des troupes d'Asie. D'autre part, celles-ci, qui n'ont été nullement contaminées par les menées révolutionnaires, sont dévouées au sultan. Or, pour faire la guerre, il faudrait appeler en Europe les troupes d'Asie, et il y aurait de grandes chances pour que le sultan, profitant de leur présence, se débarrassât des dirigeants actuels.

C'est une des raisons, et non la moindre, de la prudence du Comité jeune-turc, qui, en fait, dirigent la politique ottomane.

Mais cette situation n'était pas ignorée de la Bulgarie. L'Autriche et l'Allemagne la connaissaient également. Dès lors, les événements de ces temps derniers apparaissent comme une réponse de la triplice aux intrigues anglaises, intrigues qui ont favorisé la Révolution turque.

M. Gohier ajoute qu'Ahmed Riza bey fut et reste l'âme de la Révolution turque. C'est fâcheux que le correspondant du *Matin* ne connaisse pas la langue turque. Il aurait été renseigné en interviewant un officier quelconque sorti du rang; il aurait eu des renseignements sur l'âme de la Révolution. M. Gohier ainsi n'aurait pas pris les désirs du protégé du Foreign Office pour la réalité. Mais passons. Nous jugerons M. Ahmed Riza, lorsqu'il voudra bien sortir des ténèbres et mettre en pratique la maxime du positivisme, vivre au grand jour.

Nos gouvernants ont subitement décidé d'user de chicane contre l'Autriche, parce que celle-ci s'est annexée la Bosnie et l'Herzégovine. Voici l'ukase du Comité sur cette affaire :

« *Le Comité estime qu'il convient d'approuver sans réserve le boycottage des produits autrichiens; car l'Autriche, par l'annexion de la Bosnie et de l'Herzégovine, a largement mérité la guerre économique qui lui est ainsi faite.* »

Or, depuis longtemps, nous avons fait notre deuil de ces deux provinces. On sait que la Bosnie et l'Herzégovine ont été occupées par l'Autriche à la suite du traité de Berlin, avec l'appui de l'Angleterre. C'est lord Beaconsfield lui-même qui, s'étant au préalable entendu avec l'Autriche, attacha le grelot au sein du Congrès de Berlin, sur la nécessité de l'occupation autrichienne de ces deux provinces. La compensation que l'Autriche nous accorde, en nous abandonnant tout à fait le sandjak de Novi-Bazar est suffisante. Si nous sommes bien gouvernés dans l'avenir, nous arrêterons l'acheminement de l'Autriche vers Salonique. Du reste, cette annexion suscitera à la maison des Habsbourg plus d'ennuis que nous ne pourrons lui en créer. La Hongrie réclamera l'incorporation des nouvelles provinces au royaume de saint Etienne; la Croatie ne restera pas en arrière pour exiger le même droit. La Serbie se démène assez sans nous. Laissons donc de côté ces malfaisantes diversions. Préoccupons-nous des dangers réels qui menacent la substance même de notre existence sociale. Ces dangers sont l'enlèvement de l'Arabie, l'annexion de l'Egypte à l'Angleterre, l'ouverture des détroits aux vaisseaux de guerre de la Russie et enfin l'inquiétant impérialisme de la Bulgarie, que le fameux *Balkan Comittee* de Londres a couvé et enfin déchaîné sur nous.

* * *

« La camarilla est morte. Le sultan Abdul-Hamid n'est plus l'esclave de ses néfastes amis. Avec le souverain nous allons enfin travailler à relever l'abaissement du pays. Nous allons pouvoir nous entretenir sans crainte des espions, choisir un métier, une carrière, exprimer nos plaintes, grouper nos intérêts. » Voilà le rêve qui berçait les Turcs, lorsqu'on a rétabli la Constitution. Doux et inoffensifs espoirs, illusions puériles qui enflammaient notre ardeur patriotique.

Espoirs et illusions ont crevé en l'air, comme des bulles de savon. Nous assistons, tout simplement, dans l'ère nouvelle, à une affolante curée de politiciens verbeux. C'est une association de ministres et de fonctionnaires de l'ancien régime, de directeurs de journaux, d'avocats sans causes, de médecins sans clients, de financiers interlopes, de prêtres anarchistes, de confectionneurs de bombes à dynamite. Voilà la Jeune-Turquie au pouvoir. Quelle est l'ambition de tous ces gens-là ? Etablir en Turquie souverainement une bourgeoisie égoïste et rapace, dont l'Europe nous donna le modèle vers 1830. Mais ce qui différencie nos révolutionnaires des Occidentaux, c'est qu'ils veulent installer cette classe hybride sans le concours du peuple.

« Un accord avec le peuple est impossible ! Eh ! bien, nous nous en passerons. » L'aide de l'étranger compensera le concours des mahométans. La résignation mulsumane est proverbiale. Le peuple a subi sous l'ancien régime tous les outrages, il peut bien subir notre politique. Telle est le raisonnement qui guide nos gouvernants. Ils oublient que l'ancien régime avait pour lui le Calife, le

Coran, la tradition. Ils oublient, les insensés, que la résignation des Turcs a des limites ; ils oublient encore que l'Osmanli devient un tigre, lorsqu'on essaie de détacher de son âme tout ce qu'elle aime et tout ce qui la séduit dans ce monde. Mais ce peuple qu'ils méprisent vient de se rappeler à leur mémoire. Les premiers essais, pour substituer à la morale mulsumane la morale jeune-turque, viennent de donner à nos hommes d'État quelques avertissements.

Il n'y a plus des Turcs, des Grecs, des Israélites ; il n'y a que des Ottomans vivant comme des frères, sans distinction de race ni de religion ! Un Grec, sujet ottoman, homme du peuple, a voulu mettre tout de suite en pratique cette creuse phraséologie des membres du Comité *Union et Progrès*.

Ce Grec aimait depuis plus d'un an une fille du peuple, une musulmane de dix-sept printemps, qui vivait avec son père dans un faubourg de Constantinople. Naturellement, sous l'ancien régime, Théodori, c'était le nom du Grec, cachait son amour, avec d'autant plus de soin qu'il tenait à rester dans sa religion. Le nouveau régime étant survenu, Théodori crut naïvement passer outre, *de plano*, aux prescriptions coraniques qui défendent aux musulmans de changer de religion ou d'épouser des chrétiens qui restent dans la leur. Le Grec enleva donc la jeune mahométane de la maison paternelle, et, après trois jours de cohabitation clandestine, il la fit demander en mariage à son père. C'est, peut-être, pour les pontifes sceptiques de la néo-Turquie, une peccadille, mais la psychologie turque ne l'entend pas ainsi. Le musulman, indigné qu'on ait ravi sa fille, fit appel à la police. On conduisit le couple d'amants au corps de garde. Là, l'affaire parut épineuse aux deux commissaires de police qui étaient de service. Ils allaient en aviser le Comité *Union et Progrès*. C'est sur ces entrefaites que le père, à qui on avait enlevé sa progéniture, n'ayant probablement qu'une confiance médiocre dans la Constitution, sortit du corps de garde et se mit à crier : « On fait changer de religion à ma fille ! » Mots bien propres pour galvaniser les consciences musulmanes.

Lorsque les coreligionnaires du plaignant furent mis au courant de l'incident, ils envahirent le corps de garde, malgré les agents de police, les gendarmes et une cinquantaine d'hommes de troupe commandés par un officier. Alors une scène sauvage se produit :

La foule stupide veut faire justice elle-même. Nous n'avons confiance ni dans le cheik-ul-Islam, ni dans nos gouvernants. Nous châtierons les coupables nous-mêmes ! disait-elle.

Le couple d'amants fut assommé. On jeta le cadavre du Grec sur la voie publique. La jeune musulmane, quoique gravement blessée, a eu la vie sauve (1).

Cette affaire n'est pas un banal fait divers dans le sens parisien du mot. Pour ceux qui connaissent la mentalité turque, cela prouve lumineusement que les musulmans n'ont aucune confiance dans les pouvoirs publics, qu'il n'y a plus d'autorité respectée en Turquie. Et cette tranquillité relative qui règne encore dans la capitale, nous ne la devons qu'à la confiance que les musulmans ont dans le sultan, qui saura, disent-ils, se débarrasser de cette tourbe d'arrivistes, au moment opportun.

Les Levantins constitutionnalistes connaissent cet état d'esprit, et ils ne manquent aucune occasion pour briser ce lien entre le padischah et le peuple. Désormais tout musulman qui n'est pas favorable au Comité *Union et Progrès* est classé

1. Il est intéressant de placer ici l'histoire d'un fait analogue qui eut lieu en Bulgarie. Le lecteur appréciera. Dans la comparaison des faits, il dira si les chrétiens d'Orient sont moins ou plus sectaires fanatiques que les musulmans.

D'après une information officielle venue de Roustchouk, une collision s'est produite dans cette ville, hier dans l'après-midi, entre les soldats et la population qui voulait faire échapper du bureau de police une jeune fille musulmane turque, qui avait épousé un Bulgare chrétien contre la volonté de ses parents. La population attaqua à coups de pierres les soldats qui tirèrent d'abord en l'air; mais le général Dimitrief ayant été blessé, ils tirèrent à balles. Dix-sept personnes furent tuées et trente-deux grièvement blessées.

La femme turque, à cause de laquelle les troubles se sont produits, se serait enfuie en Roumanie avec son ravisseur, un employé de banque bulgare.

(Information officielle, 14 mars 1910.)

comme réactionnaire, capable des pires forfaits. En effet, nos gouvernants viennent de mettre à profit le drame que nous avons relaté, pour accuser les réactionnaires, c'est-à-dire les loyalistes, d'être les instigateurs de ce crime. D'autre part, je recueille, dans un journal de Péra, quelques détails sur l'épilogue de ce drame. On verra par cette courte lecture les signes précurseurs de l'esprit de domination et de sectarisme qui s'ébauche, parmi les plus favorisés du régime actuel, les Grecs.

Les funérailles de Théodori, dit cette feuille, ont eu lieu hier, vers midi. Placé sur un corbillard de troisième classe, le corps a été transporté de Béchiktache à Péra. Deux ou trois mille Grecs, la plupart de Tatavla, le suivaient. On s'arrêta devant le consulat hellénique, on ouvrit la bière et on présenta au public le corps. La face était affreusement mutilée, le crâne fendu et personne n'aurait pu reconnaître Théodori. Des cris furent poussés à ce moment par l'assistance, tandis qu'on photographiait le cadavre.

Quelle ambiguité dans les termes de cette note, pour un fait aussi grave que cette démonstration macabre devant le consulat hellénique. La Grèce n'avait rien à voir dans cette affaire, les victimes de ce drame étant toutes les deux ottomanes. Mais peut-on demander une telle mise au point patriotique, à une presse ayant lié partie avec la faction gouvernementale ?

Un autre indice grave de l'état de l'esprit public, c'est l'imposante manifestation qui vient d'avoir lieu dans les rues de Stamboul. Des ulémas, des étudiants et même des Jeunes-Turcs progressistes se sont portés en masse vers Yildiz, pour réclamer contre la licence que le gouvernement tolère dans les rues. Car des femmes musulmanes, contrairement aux usages, se promènent la nuit, avec des officiers, ou s'attablent dans des brasseries, ou encore, hissées sur des tréteaux, palabrent politique et religion. Le sultan reçut les protestataires et promit de faire respecter les coutumes musulmanes.

En dépit du bon sens, les néo-Turcs du Comité, encouragés par l'appui éventuel de l'escadre anglaise qui croise dans les eaux turques et qui leur a promis un concours armé, ripostent à ces avertissements de la nation par des menaces d'extermination et par des proscriptions. Dans la première fournée de ces victimes, se trouve Mourad bey qui venait de fonder un journal, *Le Mizan*. Mourad bey est ce Jeune-Turc condamné à mort, il y a une dizaine d'années, par la camarilla. Il a été un des premiers artisans de la Jeune-Turquie. C'est lui qui a fait l'éducation politique des membres les plus influents du Comité *Union et Progrès*. Cet homme a voulu profiter de la liberté de parler et d'écrire, pour élever la voix et dépeindre au public la vérité, sur la politique de ses soi-disant disciples. Il démontra, en effet, dans une critique lucide, que nos politiciens conduisent la Turquie, par leurs procédés, à l'amphithéâtre de chirurgie où on va dépecer notre pays de nouveau, comme en 1878. Il eut encore la rare audace de dire que l'Angleterre fait payer son concours à la Jeune-Turquie, par l'abandon que le Comité lui a promis, lorsqu'il sera bien en selle, de tous les droits du trône sur l'Egypte, Chypre et même l'Arabie. Mourad bey se croyait naïvement protégé par la Constitution, en disant la vérité à ses concitoyens. Il vient d'être condamné, par une juridiction exceptionnelle, comme sous l'ancien régime, à cet exil d'où nos politiciens sont revenus il y a trois mois.

* * *

Chez les Turcs patriotes, il y a un sentiment difficile à définir. Ce sentiment consiste à méditer parfois sur ses propres convictions, à se demander, dans son ardeur à défendre ses idées, s'il ne se trompe pas, dans les actes et les paroles qui guident sa conduite pour la chose publique. Dans ces moments de recueillement, il cherche un homme de bon conseil dont le type n'est pas rare en Orient. Ce sont des sages, comme en avait la Grèce et la Rome antiques. Vivant au milieu de livres et de documents, au courant de tous les événements du pays par des disciples dévoués, ces sages analysent le passé et prévoient avec justesse l'avenir. Humblement, le Turc que sa conscience tourmente s'achemine vers cette demeure fermée aux intérêts privés, à la recherche du philosophe à qui il puisse ouvrir son cœur. Ah! les heures délicieuses qu'on passe dans ces ermitages. On écoute docilement les blâmes les plus sévères ; l'âme émue, la tête inclinée, souvent le visiteur, qui quitte le seuil de cette demeure, revient à d'autres sentiments, à d'autres idées, au risque de perdre richesse, opulence et même la vie.

A notre époque, l'Occident en a aussi de ces profonds solitaires. Mais ici il faut les chercher plus longtemps. Il faut surtout savoir discerner le pédant maniaque du vrai savant, le désintéressé de l'égoïste, le misanthrope de l'ami de l'homme, le vaniteux du modeste.

Personnellement j'ai eu la bonne fortune d'en rencontrer dans cette soi-disant Babylone qu'est Paris de ces doctes désintéressés. C'est à l'un d'eux que je me suis adressé aujourd'hui pour lui demander son avis sur les événements de mon pays. Travailleur intellectuel, auteur d'un bon oreiller d'ouvrages d'utilité publique, ayant visité l'Orient, vécu dans le cœur de l'islamisme, l'Arabie, ce savant a appris à nous connaître, à nous estimer, et, chose extrêmement intéressante, il a étudié de près les menées impérialistes de la Grande-Bretagne dans ces contrées. Sous sa dictée, au courant d'une conversation, j'ai recueilli son opinion, que je m'empresse d'ajouter sur mes tablettes de la Révolution ottomane. Au lecteur de tirer la conséquence des réflexions de ce sage, qui n'a pour toute ambition, désormais, que de descendre dans la tombe avec la satisfaction d'avoir apporté par ses nombreux travaux sa part au bien public. Voici ce qu'il me disait :

Ce que vous avez écrit du rôle de l'Angleterre, dans les événements actuels, me paraît juste et justifié. Son amitié vous coûtera certainement beaucoup plus cher que l'amitié allemande, ce qui ne veut pas dire que cette dernière sera, comme vous le supposez, plus désintéressée que l'autre. Si elle agit autrement, c'est qu'elle ne pourra pas arriver au but qu'elle se propose. S'il est impossible de prévoir ce qui sortira de l'agitation qui émeut actuellement toutes les nations européennes, il est facile de lire à livre ouvert dans le passé. Au moment où l'entente cordiale réjouissait les cœurs français et égayait l'esprit anglais, je disais à mes compatriotes : votre entente cordiale c'est la guerre. La réalisation de cette prédiction ne s'est pas fait attendre. La France toujours pressée, se sentant appuyée par l'entente cordiale, s'est lancée sur le Maroc ; on connaît les déplorables suites de cette équipée.

L'Angleterre, de son côté, affermie par l'appui de la France, a cherché sans précipitation à montrer à la Turquie toute l'étendue de l'amitié qu'elle lui porte, du bien qu'elle en désire et des avantages qu'elle peut en retirer. Elle a certainement vu avec plaisir, et applaudi, et peut-être favorisé le remplacement des institutions occidentales établies en Orient, sous notre protectorat, des religieux par des laïques. Cette transformation ayant marché au gré de ses désirs, l'Angleterre a profité du moment où le progrès de l'éducation laïque était assez avancé, l'esprit public assez mûr, pour faire la Révolution. Un groupe de soi-disant progressistes émancipateurs s'est formé. Qui a fourni l'argent à ces progressistes? à ces émancipateurs révolutionnaires, qui sont certainement dans votre pays, comme dans les autres, des besogneux qui n'aspirent qu'à se procurer des moyens d'existence aux dépens des classes laborieuses ? Ce n'est certainement pas la franc-maçonnerie, elle n'est pas assez riche. En effet les deux mots *Union et Progrès*, qui servent d'enseigne au Comité révolutionnaire turc indiquent clairement son origine, mais rien n'indique d'où lui vient l'argent. Tout marche à souhait pour l'Angleterre, l'esprit révolutionnaire gronde en Turquie. Il n'y a plus qu'à boucler l'Allemagne, en introduisant dans l'entente cordiale l'entente russe.

Les faits sont accomplis ; la triple entente est amicalement scellée. La Révolution jette le trouble et sème la division en Turquie. On va enfin pouvoir s'emparer du plus que l'on pourra, de ce que l'on convoite depuis si longtemps.

Vous avez blâmé l'Angleterre d'étendre chez vous des revendications illégales. En tant que nation, l'Angleterre joue son rôle et je vous certifie que si j'étais Anglais, j'applaudirais et je n'agirais pas autrement.

Dans l'enthousiasme de l'entente cordiale, les Français n'ont rien vu de ce qui se passait, ils ont même applaudi à la Révolution jeune-turque. On eût agi plus sagement en gardant le silence. Ce qui se passe dans un autre pays ne nous regarde pas, lorsque notre intérêt n'est pas en jeu, et c'était ici le cas ; car ces applaudissements à la Révolution de votre pays ne pouvaient nous être que nuisibles ultérieurement.

Si la France avait les yeux et les oreilles bouchés,

l'Allemagne voyait clair et pressentait, depuis les affaires du Maroc, qu'un événement imprévu se présenterait. Il est même très probable qu'elle s'attendait à ce qui s'est passé chez vous ; car elle s'est aussitôt conquise l'amitié de deux de vos plus proches voisins, en favorisant l'indépendance de la Bulgarie, et en approuvant la prise de possession définitive par l'Autriche de la Bosnie-Herzégovine.

L'Angleterre, à ce coup imprévu, crie au vol et au viol des traités. Cette émotion n'est que superficielle ; car sans se départir de son flegme légendaire, elle vous prépare une surprise : son installation plus ou moins déguisée dans l'île de Crète, c'est-à-dire sous le couvert d'une demande de dépôt de charbon.

On peut voir à Aden ce qu'est devenue la concession d'un dépôt de charbon. Le dépôt de charbon s'est transformé en une place forte, qui commande la côte sud de l'Arabie, et qui n'attend qu'un moment favorable pour lancer dans le Yemen son protectorat.

Les Anglais font ces opérations si posément, si gentiment, si dextrement et si méthodiquement, qu'ils ne font pousser aucun cri de douleur à l'opéré, ni froncer les sourcils des assistants. L'éducation physique, intellectuelle et morale que reçoivent les Anglais les rend solides, souples, intelligents et persévérants. Ils ont conscience de leur supériorité et considèrent comme inférieur tout ce qui n'est pas eux. C'est, en un mot, un peuple admirable par son patriotisme, son sens politique et commercial, le talent de se faire respecter et bien venir des nationalités auxquelles il impose sa domination. Lorsque l'Anglais engage une partie, si la chance ne lui est pas favorable, il se retire avant de l'avoir perdue et attend un meilleur moment pour la continuer.

Ce qui se passe actuellement dans les Balkans est une partie engagée entre deux joueurs habiles :

Edouard VII et Guillaume II. L'enjeu de ces deux joueurs émérites et astucieux, c'est l'affaiblissement et le démembrement de votre chère patrie et les pions dont ils se servent sont les autres nations européennes. Comment se terminera cette partie ? Je l'ignore ; mais je serais bien surpris si l'Angleterre ne retirait pas la plus forte et la meilleure part.

Votre patrie est la tête de Turc sur laquelle frappent depuis longtemps les puissances européennes ; lorsqu'elles l'auront complètement réduite en morceaux, ce sera, pour ne pas en perdre l'habitude, sur la tête de Français qu'on essaiera ses forces. Pauvre Turquie ! et, après toi, pauvre France !

*
* *

Les opérations électorales tirent à leur fin. Une grande fébrilité agite les membres du Comité. Ils ont hâte d'en finir. Ils craignent de sombrer dans la honte des maquillages électoraux. En effet, nos hommes d'État, pour combler le vide fait autour des urnes par les musulmans, ont multiplié savamment les bulletins de vote sur la tête des Israélites et des Arméniens. De là, fureur des Grecs qui excellent dans ces sortes de tripotages. Ils s'aperçoivent qu'ils ne sont pas réellement les plus favorisés du régime. En effet, momentanément, le vent ne souffle pas de leur côté. Leur patriarche en tête, nos bons Byzantins font de l'agitation à Constantinople. Processions dans les rues, bagarres sanglantes devant les ministères, outrages aux fonctionnaires qui doivent maintenir l'ordre, rien ne manque aux mœurs nouvelles.

Les proverbiaux agneaux, qu'étaient les Grecs sous l'ancien régime, sont devenus des loups enragés. Ils ne se refusent aucune audace. Le patriarche, organisateur de ces cabales, a transformé les églises grecques en clubs, et lui-même, grand dignitaire de l'Empire, a osé faire appel à l'étranger. Il s'est plaint officiellement aux ambassades étrangères des irrégularités des élections. Et ni le grand vizir, ni les membres du Comité, ni les célébrités militaires de la Révolution n'ont flétri cette honteuse démarche.

Par contre nos gouvernants ont fait condamner à mort, par ordre, deux des organisateurs de la manifestation pacifique de Yildiz, un civil et un religieux musulman. On sait, par mes précédentes notes, que des Turcs de toutes les classes de la société allèrent en grand nombre au Palais, le 7 octobre, se plaindre au sultan du désordre des rues et de la violation des coutumes musulmanes. Cette démarche, pour nos hommes d'État, mérite la mort. Et, pour rendre de pareils verdicts, le Comité *Union et Progrès* a installé à la présidence de la Cour criminelle le Fouquier-Tinville de l'ancien régime, Hilmy bey : ce même juge prévaricateur qui se vantait, avant juillet, de n'avoir jamais acquitté un seul Ottoman accusé d'être Jeune-Turc.

— La peine de mort vous sera appliquée pour avoir tenté de modifier la forme du gouvernement, déclara le juge Hilmy aux inculpés.

— Mais nous ne demandons pas cela. Nous demandions la fermeture des tripots, des tavernes et le respect des femmes musulmanes dans les rues !

— C'est tout comme ! a dû murmurer le président Hilmy.

Ces deux victimes de leur attachement aux traditions avaient pourtant raison. Une gazette amie du régime nouveau vient de dénoncer les mêmes faits, dans un article qui a certainement échappé aux Argus du Comité. Je l'ai découvert à la dernière page de cette feuille publique, où, en un obscur entrefilet, il a l'air de se cacher entre les faits divers et une réclame de corsets. C'est le résultat d'un de ces combats des sens internes où, même chez les journalistes de Turquie, les penchants altruistes prévalent sur les penchants égoïstes. Il vaut la peine d'être cité :

Depuis l'octroi de la Constitution, en effet, le nombre des tripots a sensiblement augmenté, particulièrement à Péra. Il en pousse partout, comme des champignons après une pluie d'orage. Les cafés qui passaient pour honnêtes, jusqu'à présent, sont transformés eux-mêmes en de véritables cavernes d'aigrefins où vont se ruiner nombre de pères de famille. On remarque aussi avec regret, parmi les malheureux pontes qui fréquentent ces tripots, un certain nombre de jeunes officiers turcs, des fonctionnaires et même de simples commis de magasin. Tous ces tripots fonctionnent, au su et au vu de tous, à l'exception de la police, qui ferme du reste les yeux. Le plus grand nombre de ces repaires sont même situés à proximité du *mutessarifat*, —préfecture,— de Péra. Quelle peut être la raison qui empêche la police de sévir contre cette industrie néfaste ?

Sous l'ancien régime, la police avait su fermer tous les tripots. Les mesures prises contre les jeux de hasard avaient été même si rigoureuses, que les cafés-concerts, privés aussi des ressources de la sainte Roulette, avaient dû fermer boutique.

Délicieux journaliste ! vous vous demandez naïvement pour quelle raison on ne ferme pas ces tripots ? Mais parce que les tenanciers, dont vous ne soufflez mot dans votre article, sont des Arméniens ou des Grecs, tous gros bons électeurs influents, parlementaristes de marque. Voilà la raison.

Il y a aussi, depuis l'ère constitutionnelle, une nouvelle corporation, celle des courtiers en élections. Ce sont des experts dans l'art de falsifier les listes et de truquer le scrutin. Dans toutes les grandes cités de l'Empire, leurs opérations défrayent la conversation. Mais le record vient d'être obtenu par la ville d'Andrinople. Sur une population de 330.000 habitants environ, cette ville avait à élire trois députés. Or, deux Grecs avec la complicité d'un troisième larron, le maire de la cité, par de savantes subtilisations, se firent élire députés. C'était une victoire par trop éclatante. Enlever trois sièges législatifs sur trois, c'en était trop. Les Arméniens, les Bulgares et les Jeunes-Turcs se fâchèrent d'être évincés avec pareille désinvolture. Le Comité se décida à regarder d'un peu plus près. Il découvrit le pot aux roses et élimina de la députation le trio de chevaliers de la boîte à double fond.

On devine par induction quelle sera la composition du nouveau Parlement, entre quelles mains le trône livrera les destinées de notre patrie. Je ne cesserai de répéter qu'aucun patriote digne de ce nom ne souhaite le retour à l'ancien régime. A la rigueur, nous pouvons admettre la Constitution comme un pis-aller. C'est peut-être une transition nécessaire à notre évolution positive. Mais ce constitutionnalisme ne saurait être accepté qu'à deux conditions.

Il faut que le sultan garde toutes les prérogatives que lui concède la Constitution de 1876. Il faut que le Parlement ait, dans son sein, quelques hommes au désintéressement éprouvé, qui prendraient l'inflexible direction des débats en imposant à leurs collègues la discipline nécessaire au bien public. Certains pouvoirs dictatoriaux, une bonne poigne, c'est le seul moyen de mettre de l'ordre dans la pétaudière que sera le Parlement des rives du Bosphore.

La Chambre turque aura-t-elle de tels gardiens dans son sein ? Dès maintenant deux ou trois personnages se dessinent à l'horizon. Ce sont Maniassi Zadé Refik bey, Djavid bey et le général Hassan Riza.

Quoique membres du Comité *Union et Pro-*

grès, ils se sont dégagés un peu des ténèbres qui enveloppent cette caverne et nous apparaissent sous un jour satisfaisant. Leur manière de vouloir vivre au grand jour nous plaît. Ce sont, ils nous paraissent, plutôt, les seuls hommes qui puissent inspirer quelque confiance. Nous les attendrons à l'œuvre pour les juger. Si ceux-ci échouent et si d'autres n'émergent pas du cloaque dans lequel la Turquie s'enlise, il faut nous attendre au resserrement de nos frontières et au rétablissement, à la première occasion propice, du règne de courtisans disgraciés. Mais ne soyons pas prophète de malheur. Nous espérons que l'immixtion du patriarche grec dans les élections éclairera nos concitoyens. Les Turcs voudront en finir avec cette situation absurde où des communautés théologiques, tout en voulant jouir des libertés nouvelles, se targuent des droits souverains que même l'ancien régime leur refusa toujours. Un autre indice de retour au bon sens, c'est que le fameux Comité *Union et Progrès* ne se sent plus en sûreté en Turquie. Il nous informe officiellement, en date du 7 novembre, qu'il ne tiendra plus son siège central ni à Salonique, ni à Constantinople, ni nulle part sur le sol de la patrie. Il n'y a qu'à l'étranger qu'il pourra être en sécurité et gouverner plus à son aise. Probablement qu'il élira domicile sur les rives brumeuses de la Tamise. Il espère, de la sorte, échapper aux responsabilités et à la vindicte publique.

* * *

Il est de notoriété publique que le grand vizir Kiamil pacha a eu la charge de poser l'assise du régime nouveau, de faire les élections et de présenter au sultan le Parlement. Or, c'est à un des admirateurs actuels de ce grand vizir, à son courrier diplomatique, à M. Ahmed Riza, qui vient de rentrer à Constantinople, de retour de Londres où il a été envoyé en mission extraordinaire et secrète, que nous allons emprunter les arguments de notre critique contre Kiamil pacha.

M. Ahmed Riza écrivait d'exil, le 1er février 1907, dans son journal *Le Mechveret* de Paris :

Kiamil pacha, gouverneur de Smyrne, qui vient d'être si scandaleusement destitué et menacé de bannissement, a la réputation d'un homme intègre ; mais il avait la faiblesse de laisser ses fils se livrer au vol, sous sa haute protection. C'était une façon d'enrichir ses héritiers sans bourse délier.

Lorsque Kiamil pacha était grand vizir, son fils aîné, aujourd'hui décédé, avait mis le grappin sur toutes les entreprises publiques, il vendait les charges, les fonctions et les grades, sans être aucunement incommodé dans les coulisses tutélaires de la Sublime-Porte.

C'est son autre fils qui, à Smyrne, avait organisé une véritable bande d'exploiteurs, allant parfois jusqu'à lâcher des brigands de profession sur les riches fermiers qui refusaient de se laisser dévaliser. Ses agissements prirent une physionomie si scandaleuse, que les consuls eux-mêmes durent porter plainte. C'est ce qui a provoqué, dit-on, la destitution de son père.

Ce que nous retenons dans cette affaire, c'est la fuite de Kiamil pacha au consulat d'Angleterre..... Kiamil pacha n'a eu d'autre souci que d'assurer sa personne et ses richesses ; il a même osé exiger que la garantie de Yildiz-Kiosk fût communiquée par écrit à l'ambassadeur d'Angleterre. L'ambassadeur, très fier de saisir cette occasion pour montrer sa puissance en Orient, a obligé la Porte à donner cet engagement par écrit, sinon, ajoutait-il, le consulat anglais garderait Kiamil pacha.

Qu'il le garde, aurait dû répondre le sultan, s'il n'était pas lui-même un poltron doublé d'un imbécile.

Ah ! quand le peuple aura-t-il le bonheur de voir Abdul-Hamid et ses créatures pendus à une même potence ?

Cette créature, pour laquelle, il y a quelques mois, Ahmed Riza bey demandait la potence, a les rênes de l'État en mains. Il serait inexplicable d'admettre que des patriotes se soient abaissés à donner la direction des affaires à Kiamil pacha. Mais le concours que l'Angleterre apporta à la Révolution demande des compensations. Il a donc fallu subir le protégé de la Grande-Bretagne, puis démolir l'inviolabilité du calife. A l'intrigue on a ajouté la terreur.

Il y a encore autour du sultan quelques hommes dévoués, prêts à réagir. Il faut qu'ils disparaissent. Aujourd'hui c'est le tour du général de division Ismaïl Mahir pacha.

Lors de l'épuration de l'entourage du sultan, le

Comité l'avait reconnu innocent des crimes de la camarilla. Mahir pacha avait conservé son poste d'aide de camp du souverain et ses titres. Mais c'était un homme qui pouvait faire battre le cœur des soldats. Mauvaise affaire. Un des carbonari du Comité le tue à coups de revolver au grand jour.

L'exécuteur de Mahir pacha est en fuite, nous disent naïvement les gazettes de Péra. Pas d'enquête, pas même un semblant d'instruction. Thémis se voile la face.

Toutefois la nomination de Husséin Hilmi pacha, inspecteur général des vilayets de Macédoine sous l'ancien régime, au ministère de l'Intérieur, est une victoire pour les patriotes. Hilmi pacha avait osé afficher ses idées libérales pendant la toute-puissance de la camarilla. C'est un dévoué serviteur de la Turquie et du trône. Il saura combiner la tradition avec le progrès. C'est un homme d'Etat qui ne consentira jamais à subordonner les intérêts de sa patrie aux menées occultes de l'étranger. Son élévation au cabinet Kiamil, comme ministre de l'Intérieur, vient de porter les premiers coups au Comité *Union et Progrès*. Quant au parti l'*Union libérale*, qui cherche à se substituer au fameux Comité, il ne donnera le change à personne. Les gens informés savent que ces deux clans sont congénères dans leur haute direction. Le grand vizir Kiamil pacha en fait partie, cela dit tout. Et le prince Sabaheddine, qui représentait l'*Union libérale* à Paris avant la Révolution, s'était rallié tous les séparatistes, en les leurrant d'une décentralisation fédérale. Le fédéralisme, pour la Turquie, à l'heure actuelle, c'est le plus court chemin pour aboutir au démembrement de l'Empire. Le prince Sabaheddine le savait lui-même. Son programme n'était, du reste, qu'un moyen de parvenir à rallier momentanément l'anarchie à l'ordre, pour abattre l'ancien régime. Voilà donc la situation tirée au clair.

D'une part, les factieux sans cohésion ; d'autre part, les hommes de l'ordre qui se rallient. Déjà le patriote Mourad bey, qui a été illégalement proscrit, vient d'être rappelé. Que Husséin Hilmi pacha arrache le sceau de l'Empire des mains séniles de Kiamil, notre satisfaction sera au comble. Cet homme d'État, qui a su gouverner avec une égale équité l'Arabie comme la Macédoine, saura, nous en sommes certains, maîtriser les bavards de la Chambre et rétablir la discipline dans le pays en muselant les hommes d'affaires de la presse. Alors seulement on pourra résolument commencer la bonne besogne, épurer l'administration, mettre sur pied les finances, porter secours à l'agriculture, entreprendre des travaux d'assainissement dans nos cités, encourager la navigation, régulariser les services postaux ottomans : toutes choses qui sont vitales pour notre régénération, mais qui rebutent les professionnels du parlementarisme.

Examiner en détail les dépenses générales de l'État comprises dans la loi du budget, et en arrêter le montant avec les ministres.

C'est sur cet alinéa de l'article 80 de la Constitution que doivent rouler les travaux de nos députés. Au cas où ils s'écarteraient de cette règle, la dissolution de la Chambre serait le seul remède. Si les députés résistent, quelques bons gendarmes en auront raison. De nouvelles élections, avec un grand vizir intègre, ne pourraien donner qu'une répartition moins frauduleuse que le suspect conglomérat inauguré sous les auspices du poltron Kiamil pacha.

CHAPITRE V

JANVIER-MARS 1909

Lettre de Turquie. — Le retour au régime de la camarilla n'est demandé par personne. — Tout le monde réclame le respect de la charte. — Formation de Sociétés pour lutter contre le jacobinisme du Comité *Union et Progrès*. — Celui-ci accuse ses adversaires d'être réactionnaires. — Kiamil pacha est renversé du grand vizirat. — Husséin Hilmi pacha prend le sceau de l'Empire. — Le passé du nouveau grand vizir. — Inauguration du Parlement. — Scission dans le Comité *Union et Progrès*. — Dépêche du Comité *Le Times* de Londres. — Mort de Maniassi Zadé Réfik bey. — L'influence anglaise et la Chambre ottomane. — Le sultan est terrorisé. — La comparution en justice d'un ancien courtisan de Yildiz : Nédjib pacha Melhamé. — Compte rendu du procès. — Les papiers de Mouktar pacha, ex-haut commissaire ottoman en Egypte.

Le 1er janvier 1909, la *Correspondance d'Orient*, revue parisienne amie du Comité *Union et Progrès*, publia une lettre de Turquie sans signature. Cette lettre est identique, dans les faits qu'elle relate, avec mes notes du même mois. Je crois donc plus utile de reproduire l'article de la *Correspondance d'Orient*. Il aura au moins l'avantage de ne pas être taxé de parti pris, ni de phobie pour le Comité *Union et Progrès*.

La rédaction de la revue s'excuse d'abord d'avoir à publier cette lettre :

Notre ferme vouloir de ne jamais chercher à déguiser la vérité et moins encore à l'esquiver, dût-elle nous être pénible, nous fait un devoir de publier, dans son intégrité, cette lettre de notre correspondant de Constantinople. Il est inutile d'ajouter que nous sommes loin de partager certaines des opinions et des craintes qui y sont exprimées. Le Comité *Union et Progrès* nous semble devoir mériter plus de reconnaissance, de confiance et de crédit. La *Correspondance d'Orient* accueillera avec un réel et naturel plaisir toute communication documentée et signée, susceptible d'infirmer, en tout ou en partie, les appréciations de notre correspondant, sur le rôle ancien, actuel, et sur les intentions de nos amis du Comité ; ces derniers sont un peu avares de renseignements vis-à-vis de ceux des Ottomans dont le loyalisme leur est pourtant connu... N. D. L. R.

14 Décembre. — Le premier Parlement de la nouvelle Turquie constitutionnelle se réunit dans deux jours. Ses membres, nommés plutôt par le *Comité* qu'élus par la nation, n'en sont pas moins censés représenter la volonté et l'espoir suprêmes du pays.

. . . .

Une chose est certaine. Dans la pensée du Comité *Union et Progrès* le Parlement doit être son docile instrument ; rien ne fut négligé pour arriver à ce but. Or, le Comité a beaucoup perdu de son prestige.

La violence autoritaire, dont il usa les premiers jours de la Constitution, excusable, en somme, puisqu'elle était motivée par la nécessité absolue d'abattre du coup tous les supports de la tyrannie, avait malheusement dégénéré... mettons en marchandage. Les prisonniers du ministère de la Guerre furent tous relâchés, en versant de grosses sommes d'argent au

Comité. On interpréta, il est vrai, cette manière d'agir par le droit imprescriptible que la nation avait à reprendre les sommes dont elle avait été dépouillée par les favoris de l'ancien régime. L'illégalité du procédé était évidente ; mais la tactique, d'abord, réussit. On se contenta de l'explication fournie et l'on poussa la longanimité jusqu'à ne pas s'enquérir sur le sort des sommes ainsi perçues.

Les favoris rançonnés, le tour vint aux capitalistes. Le Comité, fort de son prestige, en usa, sous des prétextes habiles pour intervenir dans les grèves organisées un peu partout, à la suite de la proclamation du nouveau régime. Maisons de banque et Sociétés anonymes, sous la menace d'être bientôt abandonnées par leur personnel, ont dû vite reconnaître et se ménager les bons offices du Comité, en lui versant des sommes dont le montant était fixé après marchandage. Ces pratiques avaient fini par produire un très mauvais effet. De l'avis même de leurs admirateurs les plus convaincus, les martyrs de la liberté se donnaient volontiers les allures d'une Société d'exploitation de la confiance publique.

. . . .

La question des races fournit un autre prétexte à l'explosion de leur chauvinisme. Là, tous furent d'accord. On acquit ainsi la conviction que le Panottomanisme, inscrit sur le drapeau du Comité, cachait tout simplement le Panturquisme le plus intransigeant. Les élections dirigées par lui, vinrent à l'appui de cette conviction. Le Parlement sera turc en majorité, puisque 5 millions de Grecs, 10 millions d'Arabes et 4 ou 5 millions d'autres nationalités n'y seront représentés que par une cinquantaine de députés sur 235, environ, qui forment la Chambre !!!

. . . .

C'est justement cet état d'âme général qui explique, en quelque sorte, la réception triomphale faite au prince Sabaheddine, lors de son retour à Constantinople. On pensait trouver en lui le modérateur, le compensateur, celui dont le programme se conciliait le mieux avec l'esprit nouveau et le régime égalitaire. Son affiliation dans le Comité, les amitiés qu'il y avait pouvaient faire croire que son retour dans la capitale allait mettre un frein à certaines ambitions, les unes affichées, les autres secrètes, et apporter, en se fondant avec le programme du Comité, un tout complet, mûri, donnant satisfaction aux Ottomans en général. On ne se doutait pas de la contrariété qu'éprouverait le Comité *Union et Progrès* de ce retour dont le bruit l'avait offusqué.

C'est dommage que cet excellent correspondant de la *Correspondance d'Orient* n'ait pas continué à nous donner des lettres comme celle qu'on vient de lire. Il nous aurait appris encore bien des choses intéressantes.

* * *

Demander le retour à l'ancien régime, c'est-à-dire le gouvernement d'une bande d'aventuriers, c'est du domaine de l'insanité. Mais sous prétexte de régénérer la Turquie, lorsqu'on veut briser la pierre angulaire de l'ottomanisme, le sultan, lorsqu'on entreprend la destruction systématique de toute la tradition qui a fait notre puissance et notre raison d'être depuis six siècles, c'est justifier indirectement l'absolutisme tyrannique d'avant la Révolution.

Ce n'est pas au peuple que doit être confiée la garde de la Constitution, c'est au sultan. Il faut habituer le souverain à voir, dans la charte, la force de l'Empire, le bonheur de ses sujets et la sauvegarde des prérogatives du trône. Nos gouvernants procèdent tout à l'envers. Ils font détester au monarque cette entité à majuscule, pour laquelle on lui demande fidélité, sans l'observer à son égard. Dès lors, aucun sultan, depuis Abdul-Hamid II jusqu'au dernier rejeton de la dynastie, ne se soumettra de gré à de tels procédés de gouvernement. Au tréfonds du cœur de chaque monarque, il y aura cette idée fixe de saisir la première occasion pour débarrasser sa souveraineté des entraves d'une charte qui lui enlève, non seulement l'inviolabilité, mais encore les droits souverains dont jouissent les monarques occidentaux les plus attachés au constitutionnalisme.

Du reste, on peut consulter les fastes de notre histoire, les annales religieuses, l'histoire des Empires arabes eux-mêmes, jamais les musulmans ne consentirent à confier à un Parlement la direction de la politique nationale. Celle-ci a toujours été détenue par le souverain ou calife.

Certes l'évolution occidentale nous presse de la suivre au pas accéléré. Mais peut-on nier les progrès accomplis par les Turcs depuis un siècle ? Et le gouvernement parlementaire avec un roi fainéant est-ce, par hasard, le *nec plus ultra* de la civilisation ? Il faut dire franchement, sans ambages, sa pensée. Le salut d'une cause, aussi chère que celle de notre patrie, appelle toute notre attention et tous nos soins. Prévenons, pendant qu'il est encore temps, ceux qui se grisent du pouvoir. Leur ivresse pourra avoir de déplorables conséquences pour notre avenir national. Il ne faut pas compter sur l'étranger pour consolider la Jeune-Turquie. Ni l'Angleterre, ni la Russie, les deux puissances qui contribuèrent le plus à l'amoindrissement de notre territoire et à l'abaissement de notre dignité, ne s'enthousiasment sincèrement pour doter la Turquie de bonnes et solides réformes. Ces puissances ont soutenu l'absolutisme, la camarilla, elles ont prêté leur concours, tour à tour, à toutes les bassesses de l'ancien régime. Elles sont prêtes à recommencer, si l'intérêt supérieur de leur politique l'exige. La Russie n'est pas très sympathique au constitutionnalisme. L'Angleterre elle-même y est hostile. Ce système politique n'est pas un article d'exportation pour ses colonies musulmanes. Est-ce que nous ne servons pas, par hasard, de doublure à d'autres visées, à d'autres buts que la fameuse régénération de la Turquie ?

On peut hardiment dire oui. Du reste nous allons citer des faits qui corroborent notre affirmation.

Les scandaleux marchés avec les banques, les entraves que le fameux Comité secret *Union et*

Progrès apporta aux négociations avec l'Autriche, négociations qui aboutirent, malgré le Comité, à la rétrocession définitive de Novi-Bazar, et à une indemnité de 2.500.000 livres pour la reconnaissance de l'annexion de la Bosnie et de l'Herzégovine ; enfin les extorsions d'argent sur les favoris de l'ancien régime par le même Comité : tous ces agissements dégoûtent les plus optimistes.

De braves gens désintéressés prirent la résolution de former une Société sous le titre de *Fédakiarani Millet*, c'est-à-dire sacrifiés de la nation. Ils fondèrent un journal, *Houkouk-Oumoumié*, à seule fin de démasquer tous les brasseurs d'affaires qui gravitent autour du pouvoir. Les Mourad, les Avnoullah Kiazim, les Ali Saïb, qui dirigent cette association et qui collaborent au journal du parti, sont au-dessus de toute suspicion. Mais nos gouvernants occultes ne s'embarrassent pas de si peu. Ayant senti les crocs de ces patriotes sur l'épiderme, ils se sont empressés d'accoler aux membres de cette Société les épithètes de voleurs et d'assassins. Le 12 janvier, une descente de police fut faite au siège du journal *Houkouk-Oumoumié* ; on mit à sac les bureaux ; on arrêta une quarantaine des membres les plus influents de l'association. Cela évidemment ne suffisait pas. Il fallait salir ces gens-là, les perdre devant l'opinion publique. Le ministre de la Police Samy pacha, qui ne le cède en rien aux pires gredins de l'ancien régime, s'en chargea. Il utilisa un document forgé de toutes pièces, soi-disant émanant de l'association des fédaïs (les sacrifiés).

Voici ce fameux écrit, qui suinte à chaque mot la prose de police :

Il est certain que, numériquement, nous ne sommes pas inférieurs en nombre aux adhérents du Comité *Union et Progrès*. C'est grâce à l'union intime, entre ses membres, que l'*Union et Progrès* jouit aujourd'hui de la force et de la fortune. Nous avons souffert sous l'ancien régime. Aujourd'hui nous devons tout faire, même, s'il le faut, sacrifier notre vie, pour parvenir au même bien-être obtenu par le Comité précité. Il est donc nécessaire de nous méfier des gens de ce clan. Il est indispensable de ne reculer devant rien, pour arriver à notre but, pas même devant une agression contre le gouvernement et le Souverain.

Il importe donc, en conséquence, de préparer un plan conçu dans ce sens et d'en remettre l'exécution à nos fédaïs.

Si une force armée quelconque vient contrecarrer l'exécution de notre plan, alors, pour amener l'intervention étrangère, — qui peut être utile à notre association, — nous assassinerons quelques-uns des ambassadeurs ou plus simplement quelques-uns de leurs sujets...

A ce factum, Samy pacha ajouta ses propres explications suivantes :

J'avais connaissance, depuis quelques semaines, des réunions suspectes que tenaient les membres du club *Fédération Millet*. Je soupçonnais fortement ces individus de nourrir des intentions séditieuses et de coupables desseins. Mais des indices certains me manquaient encore pour motiver une descente de police à ce club réactionnaire. Mes limiers ont alors redoublé leur surveillance et leurs recherches. Bientôt, ils furent sur la bonne piste... Des documents importants sont tombés entre nos mains. Ils établissent que les fédaïs avaient machiné l'assassinat des ministres. De plus ils avaient organisé un vaste chantage contre les magistrats de l'ancien régime. L'association était donc organisée comme une bande redoutable et je m'estime heureux et fier d'avoir pu prévenir de grands malheurs en étouffant la rébellion dans l'œuf.

Le tout fut communiqué à la presse. On devine la stupéfaction du public. Heureusement que d'autres membres de cette association, libres ceux-là, veillaient. Ils protestèrent, ils demandèrent l'examen du document incriminé, les cachets, les signatures apposées sur ce factum. Il n'a pas été difficile de découvrir tout de suite l'ignoble chantage policier. Devant l'indignation publique, il a fallu relaxer les prisonniers et les autoriser à continuer la publication de leur journal.

Mais le côté comique des nouvelles mœurs, c'est la déclaration du ministre de la Police Samy pacha. Pour excuser sa complicité dans cette basse œuvre de police, il répondit ceci :

Ce n'était pas à moi à savoir si les documents concernant les fédaïs étaient des pièces apocryphes ou authentiques.

Nous pouvons ajouter, au bilan du premier semestre de la Jeune-Turquie, la demande du grand vizir au gouvernement khédivial d'Egypte. Kiamil pacha demande l'autorisation au pacha d'Egypte de saisir les documents qui se trouvent dans le palais de Mouktar pacha, sénateur et haut commissaire ottoman en Egypte. Il est inutile d'ajouter que le vaillant soldat de la guerre turco-russe de 1877-1878 s'y oppose formellement. On passera outre à ce refus. L'Angleterre espère découvrir la correspondance que Mouktar pacha a entretenue jadis avec certains hommes d'État d'Allemagne. Rien ne peut arrêter nos politiciens lorsqu'il s'agit de complaire à l'Angleterre. La saisie se fera. Nous subirons encore cette honte, dans le seul but d'alimenter la presse anglaise de quelques révélations sur l'immixtion allemande dans les affaires d'Egypte. Pauvre Jeune-Turquie que nous rêvions devoir être l'indépendance nationale, tu n'es qu'un instrument entre les mains du mercantilisme impérialiste de la Grande-Bretagne !

*
* *

Contentons-nous de dire ici que le redoutable Comité *Union et Progrès*, sur son ordre et sous la menace des baïonnettes et des canons, a arraché à Kiamil pacha le sceau de l'Empire. Evidemment la personnalité de Kiamil pacha n'a jamais offert une sérieuse garantie à la régénération de l'Empire. Mais enfin, puisque Constitution il y a, et avec une majuscule, cette manière de renverser un grand vizir n'est rien moins que parlementaire.

Est-ce une brouille avec nos bons amis du Foreign Office? Non. Enfin, en attendant que les événements nous aient édifiés, réjouissons-nous : le Comité a remis immédiatement le pouvoir à Husséin Hilmi pacha, à l'excellent patriote que nous avons réclamé le premier. Nous avons longuement étudié la vie politique du nouveau grand vizir. Nous avons travaillé depuis cinq ans à bien chercher les mobiles de son action en Macédoine et ailleurs. Pas une compromission, rien de louche à son actif. Volonté, souplesse, esprit de progrès au service de sa patrie : voilà ce qu'on trouve dans toute la carrière de cet homme d'État de cinquante-deux ans.

Déjà en 1904, alors au paroxysme de la révolte contre les valets yildiziens qui étaient les maîtres de la Turquie, j'exprimais, dans un journal de Tunis, toute ma haine contre les conseillers du sultan. Je disais en m'adressant aux ministres :

Vous avez toujours soif de sang. Buvez-en votre saoul; mais bientôt nous viendrons déterrer les os de nos compatriotes et c'est avec ces armes que nous vous ferons rendre gorge.

. . . .

Vous avez envoyé Husséin Hilmi pacha dans nos provinces européennes, comme proconsul, avec ordre de terroriser les paisibles habitants de nos contrées. Furieux de la bonne foi et de la modération de cet homme, qui du reste est réactionnaire, vous intriguez pour l'humilier et le remplacer par Moustafa pacha...

Même en ce temps, mon révolutionnarisme ne m'aveuglait pas au point d'attaquer l'honnête homme qui vient d'être nommé grand vizir.

Depuis le 17 décembre 1908, c'est-à-dire depuis l'inauguration du Parlement, un désaccord régnait au sein du Comité, entre les anglophiles et les progressistes nationaux. Ces derniers, quoique en minorité dans le groupe directeur qui se cache à l'étranger, avaient acquis la majorité dans les groupements locaux. Des officiers révolutionnaires militants étaient restés neutres dans cette lutte. Confiants dans leur force, ils attendaient impassibles la fin de cette querelle. L'accord avec l'Autriche a été conclu. Cet accord déplaisait aux anglophiles du Comité; ils s'y soumirent toutefois sans trop murmurer. Le résultat de l'accord austro-turc ayant satisfait le pays, tous les militaires révolutionnaires se rallièrent aux progressistes. Kiamil pacha, dès lors, n'avait plus rien à faire à la tête du gouvernement. C'était le moment d'en finir avec cet homme néfaste. C'est un fait accompli. Le 13 février 1909, date de la chute révolutionnaire de Kiamil pacha, est désormais pour la Turquie une date historique. C'est la volonté formelle de la Jeune-Turquie de se dégager de la prépondérante influence britannique. Cette révocation ministérielle signifie à l'Europe que nous désirons mettre toutes les grandes puissances sur le même pied d'égalité.

Veut-on une preuve de cette affirmation ? Il faut

la lire entre les lignes de la dépêche que le parti parlementaire *Union et Progrès* adressa le 15 février au *Times* de Londres :

Kiamil pacha, pour ses actes anticonstitutionnels, nous ayant mis dans l'obligation de le renverser, nous tenons à proclamer hautement devant l'opinion anglaise, que quel que soit le grand vizir de demain, il devra poursuivre et développer notre politique franchement anglophile, conformément au désir unanime de la nation ottomane, persuadés d'ailleurs que la traditionnelle et précieuse amitié de l'Angleterre pour notre pays ne s'adresse pas à des personnes, mais bien à l'ensemble de la nation ottomane.'

Nous sommes convaincus que notre gouvernement pourra toujours compter en toute confiance sur les sympathies de la grande nation amie.

Cette dépêche est signée : « Le parti parlementaire *Union et Progrès*. »

Or, par cette communication, on nous fait savoir d'une façon très précise que Kiamil pacha avait toutes les sympathies de la Grande-Bretagne, et que cette grande puissance n'a rien à craindre, pour son influence en Turquie, du nouveau choix grand viziriel. Mais les Anglais, excellemment informés sur les choses de Turquie, ne se payent pas de mots. Ils savent très bien que les parlementaires des rives du Bosphore n'ont aucune autorité sur l'action politique, que la Chambre des députés ottomane n'est qu'un paravent derrière lequel il y a deux corps d'armée et quelques cuirassés qui commandent du doigt et de l'œil toutes ces marionnettes. L'Angleterre sait de plus que l'officier turc de la dernière génération porte beaucoup plus ses sympathies sur l'Allemagne et la France que sur elle. Faut-il ajouter que l'Allemagne ne veut à aucun prix renoncer aux concessions obtenues et à obtenir pour le chemin de fer de Bagdad, l'exploitation des richesses naturelles sur le trajet de la ligne ferrée, etc., etc., et qu'à Berlin comme à Vienne on ne renonce pas facilement à la brillante situation économique acquise avec tant de peine sur l'Angleterre, sans protester et sans rappeler à la reconnaissance le bon client turc que l'audacieux concurrent veut enlever de haute lutte.

Souhaitons qu'Hilmi pacha sache dégager la Turquie de ce guêpier, sans se laisser leurrer par toutes ces fleurs de rhétorique que, depuis six mois, on nous prodigue, à nous qui étions habitués à être traités de sauvages qu'il fallait chasser d'Europe le plus tôt possible et l'épée dans les reins.

* * *

Le 4 mars l'Empire a perdu un excellent patriote, Maniassi Zadé Réfik bey. Le mérite de cet homme consista à lutter pour la régénération de la Turquie, au milieu de mille dangers, sous l'ancien régime et sans quitter sa patrie. Il disparaît au moment où il aurait pu, comme ministre de la Justice, rendre de signalés services. Le grand vizir perd ainsi un des plus dévoués de ses collaborateurs et l'Empire ottoman un patriote désintéressé.

A la Chambre, ceux qui regrettent Kiamil pacha et l'action intensive de la politique anglaise, c'est-à-dire les séparatistes qui s'intitulent par euphémisme *décentralisateurs*, se modèlent sur le libéralisme britannique pour doter la Turquie du parfait constitutionnalisme.

Ils recommandent la liberté de réunion sans limites, le suffrage universel sans pression, une Chambre souveraine ayant le ministère sous sa férule, un sultan fainéant, tout cela comme en Angleterre. En effet, ce pays a toujours encouragé ces prétendues libertés; les hommes d'État anglais ont toujours incité les autres peuples occidentaux à demander une multitude de licences, mais en se gardant bien d'en doter non pas les Hindous, ni les fellahs d'Égypte, ni les Irlandais, mais les propres sujets des métropoles de la grande île.

Or, le côté bouffon des bavardages de nos députés, c'est qu'ils croient que ces fameuses libertés existent en fait en Angleterre. Ils ont cueilli cela dans quelques coupures de journaux, dans quelques romans. Et, avec un imperturbable aplomb, nos députés débitent ces fariboles à la tribune, sous le regard bienveillant du président,

M. Ahmed Riza, ce positiviste qui invoque sans cesse Auguste Comte, le plus cruel ennemi du parlementarisme. Inutile de mettre cette erreur en lumière, pour nos avocats sans cause de l'ancien régime devenus législateurs, que le soi-disant suffrage universel des Anglais se réduit à un suffrage plural à l'avantage des gros propriétaires, que la Chambre basse, ou des Communes, n'est rien moins que souveraine, que la Chambre des lords et la famille royale sont en réalité les seuls gouvernants, qu'il y a une religion d'État, l'anglicanisme, laquelle jouit de toutes les faveurs et accapare l'enseignement, et enfin que la majorité des Anglais ont comme droits positifs de s'empoisonner d'alcool et d'aliments infects et de finir au work-house.

Ces vérités pour nos anglomanes sont des récits fantaisistes, des mœurs de quelques vagues tribus des pampas. Nous finirons bien par réduire cette opinion à l'absurde. L'essentiel aujourd'hui c'est de rétablir la tranquillité dans nos provinces rouméliotes. Les bandes bulgares reparaissent, la trêve conclue le 24 juillet a pris fin, l'agitation reprendra toute son étendue avec le beau temps. La Macédoine deviendra de nouveau le foyer d'intrigues et de désordres qu'elle a été sous l'ancien régime. Que comptons-nous faire pour arrêter le pillage, l'incendie et le viol ? Les puissances n'ont fait que suspendre leur immixtion dans nos affaires intérieures des trois provinces rouméliotes. Husséin Hilmi pacha se sent-il libre d'agir ? Prendra-t-il les mesures énergiques qu'exige la situation ? Sommes-nous prêts à nous défendre contre les intrigues bulgares? Autant de points d'interrogation troublants qui nous tiennent dans l'anxiété.

Un autre sujet d'affliction, c'est cette manière de terroriser le sultan, en tenant braqués sur son palais des canons à la mélinite. Il est temps de faire cesser cette atteinte à la dignité califale.

Par contre, les tribunaux constantinopolitains commencent à nous donner satisfaction. Un des plus accrédités courtisans de Yildiz, sous l'ancien régime, Nédjib pacha Melhamé, comparaît devant la justice de son pays pour avoir torturé de ses mains des accusés politiques. Pour rendre une sentence d'équité dans un pareil procès, il fallait éliminer de la Cour le Fouquier-Tinville de l'ancien régime, Hilmy bey. C'est fait. C'est une joie pour la conscience des braves gens.

L'accusé Nédjib Melhamé est un catholique de Beyrouth. Il est âgé de quarante-six ans. Constamment l'échine en deux, après mille bassesses, il parvint à être *persona grata* au palais impérial. Mais sous l'absolutisme, pour conserver une telle situation près du calife, un chrétien devait laper jusqu'à la dernière goutte dans la coupe de l'abjection. Nédjib Melhamé y consentit. Dans le raffinement de sa cruauté, il passa vite maître dans l'art d'arracher des aveux aux prévenus politiques que le hasard des rafles policières lui amenait. Cinq mille trois cents infortunés passèrent par son cabinet d'inquisiteur yildizien. Mais trop intelligent pour torturer, lui chrétien, des prévenus musulmans, certain de ne pas échapper tôt ou tard aux représailles, il déploya toute sa cruauté sur ses coreligionnaires. Des témoignages, qui corroborent avec précision les faits dont il est accusé, ne laissent planer aucun doute sur ses crimes. Nédjib Melhamé néanmoins, à l'aide de sa famille qu'il a enrichie par ses rapines, cherche à faire apitoyer sur son sort certaine presse catholique d'Europe, sous prétexte qu'il est accusé parce qu'il est chrétien. Quoique le procès ne soit encore qu'à sa deuxième audience, il est virtuellement terminé. Ce qui retarde le verdict ce sont les nouvelles plaintes qui viennent s'ajouter sur la tête de ce pacha chrétien. J'ai tenu à relever quelques témoignages accusateurs qui édifieront amplement le lecteur sur cette prétendue victime de l'islamisme.

Voici des extraits du compte rendu en français publié par le *Stamboul :*

M. *Euseb Topalayan* (chrétien) expose en pleurant que pour le faire parler, Nédjib Melhamé l'a frappé à coups de rasoir et l'a rendu aveugle. Mme *Sourpik* (chrétienne) dit qu'elle fut amenée devant la commission d'enquête à cause de l'explosion de la bombe de Yildiz (21 juillet 1905), frappée, et que son frère est mort dans les tortures qui lui furent infligées. Une autre chrétienne vient, avec des sanglots, raconter qu'on passa sous les aisselles et les pieds de son mari des barres de fer rougies au feu, que le malheureux, ne pouvant plus supporter de telles tortures, se suicida et fut enterré à son insu.

Témoignagne de *Kirkor* effendi, chrétien : « J'étais à l'hôpital de la prison. Manouk, chrétien aussi, y a été amené. Il m'a dit avoir été battu par Nédjib Melhamé ; que celui-ci lui a mis, sous l'aisselle, des œufs retirés de l'eau bouillante. Son corps, que j'ai examiné, était couvert de plaies, de meurtrissures et de cicatrices... »

Témoignage de *Sirahian* effendi, chrétien : « Il y a trois ans et demi, j'ai été conduit au palais et interrogé par Nédjib pacha, pour délit politique. On m'a conduit dans une chambre où j'ai vu *Yervent Tchaouchian* effendi, chrétien, affaissé sur le plancher, le sang coulant de sa figure. Nédjib pacha se promenait là, une cravache en main. Il l'a battu, on lui disait : « Veux-tu nier encore ? »

Voici encore un extrait de ce procès tiré du journal allemand *Le Lloyd Ottoman*, extrait aussi rigoureusement exact que les précédents tirés du *Stamboul :*

Jeghia, chrétien, était au service du Bible House et vendait des évangiles. Il déclare : « Nédjib pacha m'a fait arrêter et conduire au palais. Là il me montra un endroit souillé de sang en me disant : « C'est ici qu'on « frappe jusqu'au sang ceux qui refusent d'avouer « leur culpabilité. Tu seras frappé aussi si tu mens. » Et comme je ne répondis pas, il me frappa avec un bâton jusqu'à ce que je tombai sanglant et évanoui. Quand je pus rouvrir les yeux, il me fit battre de nouveau par d'autres policiers. Ma tête, ma poitrine et mes mains étaient couvertes de plaies. N'étant pas coupable je ne pouvais faire aucun aveu. Mais Nédjib menaça de faire fustiger ma femme sous mes yeux pour m'extorquer des aveux. Les autres membres de la commission d'enquête, saisis de compassion pour mon état, me firent soigner par un médecin. »

Et il faut noter un détail curieux, que les témoins à décharge dans ce procès sont des musulmans, des prévenus politiques qui eurent la bonne fortune de tomber entre les mains du chrétien Nédjib pacha, lequel n'osa jamais les torturer.

Revenons encore dans le domaine de la politique. La chute de Kiamil pacha du grand vizirat a eu pour résultat très appréciable la clôture de l'affaire de Mouktar pacha, ex-haut commissaire ottoman en Égypte. On se souvient que ce dernier s'était opposé à livrer sa correspondance et ses documents entre les mains de Kiamil. Aujourd'hui, confiant dans la loyauté et le patriotisme du grand vizir Husséin Hilmi, il ne fait plus aucune opposition à ce que sa correspondance diplomatique soit remise à la Sublime-Porte et dépouillée en sa présence.

CHAPITRE VI

AVRIL-JUIN 1909

Insurrection à Constantinople : journées d'avril. — Opinions de la presse de Stamboul sur ces événements. — Disparition subite du Comité de la Capitale. — Massacres d'Adana. — Le Comité à terre : nos réflexions sur le moment. — Enseignement des communautés religieuses étrangères en Turquie. — Aperçus sur cet enseignement. — La Vieille-Turquie et les dirigeants des communautés catholiques. — Les Grecs et les écoles congréganistes. — Une lettre ouverte au sultan Abdul-Hamid. —Impressions sur les journées d'avril. —Chute du sultan. — L'Église catholique, ses défenseurs et les Jeunes-Turcs. — Mon ralliement au Comité *Union et Progrès ;* les raisons.

Voici, en termes laconiques, les informations, vérifiées exactes, de la presse de Constantinople sur les faits insurrectionnels des journées d'avril. Impossible pour l'instant de connaître quelle part de responsabilité revient au Comité *Union et Progrès* dans ces événements. Ce sera le travail d'un chapitre spécial, lorsque des données suffisantes nous seront parvenues. Ce qui est manifeste, c'est que des partis politiques adversaires du Comité essayèrent, dans ces troubles, de s'emparer à leur profit du pouvoir, en se contentant simplement de substituer une étiquette nouvelle à l'enseigne *Union et Progrès.*

A l'heure où nous mettons sous presse (1), la garnison de Constantinople, massée en armes et sans chefs sur la place de Sainte-Sophie, dirigée en réalité par les religieux, demande l'application intégrale du Chériat, sans exiger néanmoins l'abolition de la Constitution. Elle ne demande que des modifications ministérielles et le remplacement du président de la Chambre. (Le Chériat est l'ensemble des lois religieuses musulmanes.)

(*Le Stamboul*, mardi, 13 avril 1909.)

Ce sont les chasseurs de Salonique, ceux que l'on considérait comme les soutiens du régime constitutionnel, qui ont pris la tête du mouvement. Et, parmi ces chasseurs, c'est le fameux 4e bataillon qui a marché

1. J'emprunte ces informations au *Stamboul* publié à Péra. L'insurrection étant dirigée contre le Comité *Union et Progrès* et celui-ci ayant complètement disparu de la scène constantinopolitaine le 13 avril, le *Stamboul*, protégé par l'exterritorialité, me paraît dans la circonstance mieux qualifié pour raconter les faits avec impartialité que les journaux des vainqueurs. Du reste, cette feuille s'est particulièrement signalée en soutenant le Comité, à tel point qu'elle a parfois oublié la neutralité que doit observer un journal étranger dans les affaires intérieures du pays où il s'imprime. M. Régis Delbeuf, directeur du *Stamboul*, avoua lui-même ses sympathies pour le Comité l'avant-veille du mouvement insurrectionnel :

« On nous reproche, dit-il, dans le numéro du 10 avril de son journal, nos sympathies pour le Comité et pour le président de la Chambre. Cette accusation nous honore, et, de fait, nous avons été, nous sommes et nous comptons rester au nombre de ceux qui admirent dans Ahmed Riza la belle dignité de sa vie. Nous voyons dans le Comité la grande force de la Jeune-Turquie. Et nous avons tâché de le dire. Mais c'est en toute indépendance que nous avons parlé et que nous entendons le faire à l'avenir. »

le premier, entraînant les trois autres, entraînant toute l'armée.

Le cheik-ul-Islam arrive sur la place de Sainte-Sophie, il est respectueusement reçu par les soldats qui lui offrent une chaise. Une députation de soldats émet les considérations suivantes :

« Effendi, vous êtes chargé de l'exécution de la loi islamique (Chériat), et vous êtes notre supérieur. D'abord on nous avait dit que l'on agirait conformément aux prescriptions de ce Chériat et de la justice. Des faits, cependant, nous ont démontré que nous avions été trompés. Certains de nos officiers ne nous font pas observer strictement les obligations religieuses qui nous incombent. Leur conduite sous ce rapport nous fait comprendre qu'en affaiblissant ainsi nos sentiments religieux ils tiennent à servir leurs intérêts personnels. C'est pourquoi nous ne voulons pas de pareils officiers. Regardez! cet effendi aussi est notre officier (ils désignent un sous-lieutenant qui se trouvait près d'eux), mais il n'est pas de ceux dont nous venons de parler. Il est tout prêt à se sacrifier, avec nous, pour le salut de la nation.

» Voici ce que nous demandons :

» 1° Changement des officiers rentrant dans la catégorie ci-dessus indiquée;

» 2° Assurances formelles que le gouvernement agira conformément au Chériat, à la justice et à l'égalité;

» 3° Etant rassemblés dans le but d'assurer le salut et le bonheur de toute la nation ottomane, sans distinction de race et de religion, la remise d'un acte confirmant que ce fait est conforme à la loi islamique. »

. . . .

Ahmed Riza bey, président de la Chambre, s'était rendu à la Sublime-Porte. Il y resta jusqu'à deux heures de l'après-midi, tant que le ministère fut pour la résistance. Mais alors il s'inclina, lui aussi, et signa la lettre de démission suivante :

« J'ai sacrifié jusqu'à présent ma vie pour le bonheur de ma patrie. En présence du mouvement dirigé contre moi, je crois encore rendre un service à mon pays, en offrant ma démission de président de la Chambre des députés.

» *Signé:* Ahmed Riza »

Ayant appris qu'on l'attendait à la sortie, il sortit par une porte latérale.

Le total des tués au cours des événements d'hier n'est pas exactement connu. En dehors des soldats qui ont trouvé la mort au cours de l'échange de fusillade à la grille du ministère de la Guerre, il y a bien eu une dizaine de victimes.

(Le *Stamboul*, mercredi 14 avril.)

Voici l'édit impérial qui ratifie et régularise pour ainsi dire l'insurrection :

Édit Impérial

Mon illustre vézir

Tewfik pacha,

A la suite de la démission collective du cabinet, la charge du grand vézirat vous est confiée, vu vos capacités et votre fidélité.

Le cheik-ul-Islam Ziaéddine effendi est maintenu dans ses fonctions.

Notre volonté souveraine est que vous choisissiez les autres membres du Cabinet et m'en informiez aux fins de sanction ; que vous apportiez un plus grand soin à la mise en application des lois religieuses et au maintien de la Constitution ; à la préservation de la sécurité publique, du bien-être et du progrès de mon Empire et au bonheur et à la félicité de tous mes fidèles sujets, — tout cela étant l'objet de nos plus vifs désirs.

Que le Tout-Puissant accorde le succès.

Le 23 Rébi-ul-ewel, 1327.

Le 14 avril 1909.

ABDUL-HAMID

Voici encore deux extraits de journaux : l'un grec, l'autre turc :

Le nouveau cabinet ayant été formé définitivement vers le tard d'hier, avec à sa tête Tewfik pacha, il y a lieu d'espérer que le calme complet sera rétabli en notre ville, non parce qu'une satisfaction complète, accompagnée d'une amnistie a été donnée à l'armée qui a détruit le pouvoir illégal du Comité *Union et Progrès*, mais parce que cela est imposé par les intérêts supérieurs du pays, lequel surtout a besoin du calme tant pour la continuation sans entraves des affaires, interrompues durant ces deux jours derniers, que pour prévenir des malentendus de la part des étrangers, lesquels ne doivent pas garder l'opinion qu'en notre capitale l'anarchie complète continue à régner.

(Du journal *Le Néologos*.)

Personne ne peut nier que le Comité *Union et Progrès* n'ait rendu un éminent service au pays, à la nation en lui donnant la Constitution. Mais personne ne peut nier non plus que, par la suite, une foule d'égoïstes venus de l'Europe ainsi qu'une armée d'espions recrutés à force d'argent, en s'introduisant dans le Comité l'avaient à tel point corrompu, que ses fondateurs avaient été obligés de se retirer un à un pour se séparer de ce corps souillé.

Ces misérables n'eurent pas honte de chercher à faire de notre sainte armée l'instrument de leurs viles aspirations. Mais les patriotes, les ardents fils de l'armée leur ont donné hier la leçon qu'ils méritaient. Ils ont prouvé publiquement que la souveraineté nationale sera préservée de tout danger.

Cette même armée, qui déjà a arraché notre pays du joug de la servitude et du despotisme, vient de nouveau de délivrer notre Constitution des griffes de ceux qui voulaient l'asservir à leurs visées, à leurs ambitions.

(Du journal *Le Serbesti.*)

Voici enfin les poignantes nouvelles télégraphiques des massacres d'Adana, ville située à 60 kilomètres environ du golfe d'Alexandrette, en face de Chypre d'où les Anglais veillent avec un soin jaloux et sur l'Anatolie et sur la Syrie.

Adana, 13 avril.

Une violente bagarre a éclaté parmi la population. Détails suivent.

Adana, 14 avril.

Avant-hier un jeune Arménien a tué deux musulmans qui s'étaient attaqués à lui avec des intentions immorales. La nuit, une centaine d'individus de la basse classe ont attaqué les Arméniens; ils ont tué un Arménien et blessé deux autres. La population menaçante se promène dans les rues, ce matin, armée de gourdins. Les magasins des armuriers travaillent fiévreusement.

(Du journal *L'Osmanli.*)

Dépêche de Mersina au journal *Le Lloyd Ottoman :*

Le formidable carnage d'Adana continue toujours. Toute la ville est entourée de flammes. On a tiré sur le train qui quittait la station d'Adana. Toutes les vies, toutes les propriétés sont menacées. Les soldats, à ce qu'on dit, font cause commune avec la population mahométane.

Mersina, 16 avril.

***

Je préviens le lecteur qu'ici se place la période où j'ai cru sincèrement le Comité *Union et Progrès* en voie de régénération. Certes, je ne demandais pas un changement spontané de ses procédés de gouverner arbitrairement, mais un acheminement vers l'ordre et le bon sens. J'ai voulu croire que le Comité lui-même élaguerait de son sein les charlatans sans qu'on l'y oblige, afin de garder intacte la gloire qu'il s'était octroyée d'avoir restauré le constitutionnalisme. Le lecteur verra dans les derniers chapitres de cet ouvrage que j'ai été bénévole. J'ai eu la naïveté de croire qu'une société politique secrète pouvait, même épurée, gouverner normalement un État tel que la Turquie.

C'est le moment de taire toutes nos inimitiés personnelles, tous nos ressentiments et de nous rallier en bloc au Comité *Union et Progrès*. La rude épreuve qu'il vient d'essuyer le régénère à nos yeux. Ce parti est la seule force organisée qu'il y ait dans le pays, pour maintenir le système constitutionnel contre la réaction d'injustice ; lui tourner le dos, c'est vouloir le rétablissement de l'ancien régime, la restauration des ruffians et le rabaissement de l'Empire. Cela ne sera pas. Nous devons plutôt mourir sur la brèche que de céder à la coalition hybride qui, pour la satisfaction de bas intérêts et l'assouvissement de basses vengeances, a déchaîné dans le pays la guerre civile.

Personne plus que moi ne peut en vouloir à Ahmed Riza bey. Il a laissé planer, sur le nom d'un proscrit, d'ignobles accusations. Peu importe. En ce moment, nous ne devons voir en lui que le président de la Chambre des députés ottomane. Il a été élu par ses collègues, et sa nomination a été sanctionnée par le souverain. Or, avoir laissé la soldatesque et la populace des carrefours pourchasser Ahmed Riza bey à coups de fusil, c'est porter à la Constitution une blessure mortelle. La Jeune-Turquie ne se relèverait jamais si cet acte infâme ne recevait au plus tôt un châtiment exemplaire. Qu'un tribunal extraordinaire en finisse avec les meneurs. Que l'Europe nous laisse libres, qu'elle n'intervienne pas à propos de bottes dans cette douloureuse circonstance, et la liberté sera sauvée.

*
* *

Avant de transcrire ici nos notes sur l'enseignement des communautés religieuses étrangères en Turquie, des sentiments personnels nous obligent à faire cette déclaration : Lorsque les congréganistes renonceront à enseigner le mépris des religions qui ont précédé la leur et de celles qui lui ont succédé, lorsque ces éducateurs voudront sincèrement reconnaître l'utilité de l'enseignement scientifique et qu'ils feront une part honorable dans leurs cours au rôle civilisateur de l'islamisme, lorsque, enfin, ils renonceront à dénigrer systématiquement les mahométans, nous serons heureux d'abandonner les armes anticléricales qui répugnent à notre esprit positif et nous deviendrons les plus fermes soutiens de la culture sentimentale de la religion catholique, qui a tant fait pour l'évolution de la civilisation occidentale. Renoncez donc, messieurs, à votre esprit de destruction des religions qui vous valent, en Orient, et nous vous tendrons la main pour le plus grand bien de la fraternité humaine.

Je serais curieux de savoir la méthode que nous allons adopter pour l'enseignement du français dans les écoles de l'Empire. Après le turc, le français est la langue la plus utile à notre évolution mentale. Tout le monde est d'accord sur ce sujet. Nous savons également que les parents préfèrent confier leurs enfants pour l'enseignement de cette langue à des pédagogues français. Sous l'ancien régime nous étions réduits à confier nos adolescents aux écoles congréganistes. C'est là qu'ils devaient acquérir les notions générales sur l'ensemble des progrès humains. Or, dans ces institutions, on enseigne la grammaire, l'arithmétique, la géographie, le catéchisme et l'histoire. Pas de démonstrations, pas d'explications, point de critique sur ces matières. Il faut apprendre par cœur des pages entières de manuels approuvés par Rome. Voici sur l'histoire et la géographie quelques extraits de ces récitations :

Les Turcs ou Osmanlis, le peuple conquérant et dominateur, les oppresseurs séculaires des malheureux chrétiens ou raïas (*bétail*), sont à peine un million et demi, agglomérés sur la rive du Bosphore, dans quelques cités et sur les deux versants du Balkan oriental. Quoique avides de conquêtes, de richesses et de pillage, les Turcs aiment le repos et la rêverie... (*Cours de Géographie. Europe.* Par l'abbé Dupont, Paris, 1901.)

Le catholicisme compte en Europe un peu plus de 160 millions de fidèles ; le schisme grec, qui se décerne à lui-même le titre d'Église orthodoxe, compte environ 100 millions d'adhérents. (*Idem*, p. 247.)

Voici maintenant des extraits d'*Histoire* par l'abbé Vandepitte :

La Réforme sortit de l'orgueil d'esprit et de la

corruption de cœur de Luther, Zwingle et Calvin, tous également imbus de paganisme (p. 166).

La Révolution est fille de Satan et de la Renaissance païenne du XVIe siècle; la Réforme protestante, le Jansénisme et la Philosophie l'ont nourrie de leur venin, etc., etc. (p. 253).

Malheur aux élèves à la mémoire rebelle. Malheur aux curieux de détails, ils sont renvoyés comme insoumis. Ne demandez point aux Pères et Frères catholiques d'enseignement primaire un peu d'histoire naturelle, de physique, de chimie, de physiologie, de morale. Rien de tout cela. Je connais des adolescents de vingt-trois ans, anciens élèves des Frères des écoles chrétiennes, qui ont passé huit ans dans les collèges, et qui sont réduits à refaire leur instruction dans des classiques destinés aux enfants de douze ans des écoles communales de France.

Certes, il y a des lycées, ceux des Pères jésuites par exemple, où l'enseignement prend un plus grand développement. Mais alors les études deviennent funestes aux sujets ottomans. Les élèves qui sortent de ces établissements ont honte d'être Ottomans, rougissent de leur patrie. Le musulman, pour eux, est l'infidèle, le Grec, l'ennemi du catholicisme, le sol natal un purgatoire, le contact de leurs concitoyens une perpétuelle souillure. S'ils résident en Turquie et se créent une famille, c'est par nécessité. Leur patrie est ailleurs. Les mystiques rêvent de Rome, de

Paris, de Bruxelles. Sitôt en possession de quelques centaines de francs, ils abandonnent famille et patrie, pour une de ces cités. Ils s'aperçoivent bien vite que les lettres de recommandation de leurs anciens professeurs ne servent à rien. Neuf sur dix tombent dans la vie d'expédients et finissent tristement.

En Turquie nous sommes tous des croyants. Nous avons des dogmes, ces vérités qui sont d'essence divine. Nous avons foi dans les Écritures sacrées. Les musulmans et les chrétiens raisonnables s'inclinent les uns sur le Coran, les autres sur la Bible. C'est pour eux une force à supporter toute la morale. Ils n'ont pas besoin de créer de nouveaux dogmes pour fortifier leur croyance. Celle-ci est inébranlable. Ils ne la discutent même pas. Toutes les découvertes scientifiques ne peuvent par conséquent porter atteinte à la foi. La religion est spirituelle, morale, subjective ; elle s'adresse à notre cœur, à notre sentimentalité. Mais ce n'est pas ainsi que l'entendent les meilleurs pédagogues catholiques d'Orient. Pour eux, science et religion romaine doivent se confondre. Leibniz vient au secours de la présence réelle et permanente dans l'Eucharistie, il faut enseigner sa monadologie à des jeunes gens destinés au commerce et à l'industrie. Saint Augustin déclare absurde le mouvement et la sphéricité de la terre ; Galilée prouve le contraire. Il faut faire oublier celui-ci, effacer à l'encre de

Chine son nom du dictionnaire Larousse. Le Nouveau Testament prouve que Pierre ne mérita aucune suprématie sur les autres apôtres de Jésus-Christ, il faut tronquer les textes du Nouveau Testament et traiter de damnés ceux qui ne se soumettent pas à cette falsification. Chateaubriand déclare que « civilisation et islamisme hurlent de se voir rencontrer ». Il faut faire de ces ouvrages des livres de lectures pour les chrétiens d'Orient. Inutile de continuer une plus longue énumération. Voilà la mentalité pédagogique des religieux d'Orient.

* * *

Un pacte ténébreux a été noué entre les réactionnaires de la Vieille-Turquie et les dirigeants des congrégations catholiques. Les Melhamé, les Izzet, les Munir, tous les notoires parasites de l'ancien régime avec les disciples des Pères jésuites, des Pères lazaristes, des Pères franciscains, des Frères des écoles chrétiennes, se sont alliés contre la Jeune-Turquie. Ils ont réussi à nous donner le change pendant quelques mois. Nous avions cru qu'ils étaient de loyaux adversaires. L'ignoble coup d'État du 13 avril qui a failli restaurer l'absolutisme nous les a complètement démasqués. Abritées derrière des étiquettes politiques différentes, toutes ces factions s'étaient mises d'accord sur la défense des intérêts communs de la caisse de chaque clan. Romains, romanisants, musulmans fanatiques, ils se sont merveilleusement entendus pour renverser la Jeune-Turquie, quitte à se séparer après le succès et à s'entre-dévorer sur les dépouilles des vaincus. Elles ont trouvé un appui dans la presse catholique française. Des journaux qui vouaient aux gémonies le régime yildizien, il y a à peine deux ans, se mirent à couvrir de fleurs le régime déchu. Encore un peu et ces journaux auraient demandé la béatification des coryphées de la camarilla hamidienne. Ainsi Abdul-Hamid II n'est plus, pour le journal *La Libre Parole*, le sultan rouge, le massacreur des Arméniens, « c'est un homme de grande énergie, de haute intelligence ; un homme plein de ressources ». (21 avril 1909.) Quel but, quels intérêts guident cette presse à vouloir la restauration du régime des massacreurs et des défonceurs de crânes à coups de matraque ? Quelle est donc cette restriction mentale des catholiques qui ne répugnent même pas à attacher aux chausses d'un prince musulman, Sabaheddine bey, un aumônier romain, M. Paul Fesch ? C'est ce que nous allons essayer d'expliquer. A peine les Ottomans eurent-ils le droit de parler et d'écrire qu'ils demandèrent à la République française de vouloir bien développer en Turquie l'enseignement laïque, c'est-à-dire de substituer progressivement les écoles françaises laïques aux écoles congréganistes. J'ai voulu recueillir l'opinion des Frères sur cette laïcisation. Je suis parvenu à savoir de la bouche d'un des dirigeants de cette congrégation l'imprudent aveu suivant :

La Jeune-Turquie veut briser notre enseignement en Orient. Nous les attendons de pied ferme. Outre les immenses revenus que l'enseignement rapporte à la catholicité, l'intérêt supérieur de la politique pontificale nous oblige à employer tous les moyens pour maintenir nos positions. Nous ne faillirons pas à notre mission.

Il y a quelques semaines, les Grecs, impatients de secouer le joug des écoles congréganistes françaises, prirent la résolution de les boycotter et se livrèrent à quelques manifestations. En même temps, des notabilités grecques de Constantinople, dont l'honorabilité et la francophilie sont au-dessus de tout soupçon, adressaient leurs doléances à la presse parisienne.

Pris au hasard, voici une des lettres parues dans le journal *Le Temps* du 20 avril :

Le Temps a publié récemment une lettre de son correspondant particulier à Constantinople développant et expliquant sa dépêche précédente sur les incidents entre les élèves grecs orthodoxes et leurs professeurs des écoles congréganistes à Péra.

Je fais appel à votre haute impartialité et à votre philhellénisme bien connu pour éclairer les nombreux lecteurs du *Temps* sur les véritables motifs de ces incidents auxquels a été donnée à tort une apparence politique dont ils sont complètement dépourvus.

Les Hellènes de Grèce et de Turquie, aimant sincèrement la France, seraient reconnaissants à la République si elle multipliait les écoles françaises laïques en Turquie à l'instar du lycée de M. Faure, subventionné par le gouvernement français, du lycée français fondé récemment par la Mission laïque à Salonique, et de l'autre, créé par l'École française d'Athènes dans la capitale du royaume hellénique, tous regorgeant de jeunes Hellènes, étudiant les auteurs français et l'histoire de France avec autant d'ardeur que leurs propres auteurs et leur histoire nationale. De plus, le français est la seule langue étrangère obligatoire dans les écoles moyenne et supérieure grecques.

Mais les jeunes Hellènes intelligents n'ont que faire de l'enseignement des écoles congréganistes, notoirement insuffisant pour leur apprendre la véritable littérature française et leur inculquer les idées libérales de la France moderne, dont ils sont friands. C'est pourquoi ils les désertent pour aller se faire inscrire aux écoles laïques ; ce qui a très sérieusement inquiété, il y a trois ans, les congréganistes de Smyrne, dont crut devoir se faire l'interprète un diplomate maladroit en prononçant, un jour de distribution de prix, un discours qui a déchaîné la colère des Hellènes. C'est la même inquiétude qui s'empare aujourd'hui des lazaristes et des jésuites de Constantinople et qui explique tout.

L'obligation imposée aux élèves orthodoxes d'assister à la messe catholique et surtout l'interdiction d'aller le dimanche à l'église grecque ne furent qu'un prétexte pour provoquer une manifestation jugée assez grave par les congréganistes pour solliciter l'intervention de l'ambassadeur de la République française.

Cette manifestation n'avait et ne pouvait avoir aucun caractère antifrançais, comme on essaye de le faire croire. L'affirmation du contraire nullement fondée serait de nature à blesser le cœur de plus de six millions de Grecs de l'Empire ottoman entièrement dévoués à la France.

Mais, pour les messieurs à robe virginale, la fin justifie les moyens. Restons sur nos gardes et soyons vigilants. La période de transition que nous traversons ne nous donne pas de choix entre plusieurs partis. Le pays ne peut plus supporter de luttes stériles et des divisions intestines. Désormais il faut être Jeune-Turc avec le Comité *Union et Progrès* ou Vieux-Turc avec les prêtres hypocrites. Hors de ces deux partis, il ne peut y avoir, en Turquie, que des intrigants.

*
* *

Il y a quelques années, j'écrivais dans différents journaux français une lettre ouverte à l'ex-sultan Abdul-Hamid. Voici, à titre documentaire, les passages saillants de ce cri de mon cœur d'alors:

Ma qualité de Turc me donne le droit de vous dire, Hamid-Caïn, que vous êtes le fléau du genre humain. Vous incarnez en vous le crime couronné. Entouré de scélérats flairant vos écus comme les prostituées flairent l'argent du lubrique, eux et vous, dans votre Yildiz, faites l'effet d'une tanière dont la destruction s'impose.

Vous expectorez aux quatre points cardinaux, que nous sommes une minorité et que le peuple est avec vous ! Non, menteur, ce n'est pas le nombre qui fait votre force, c'est l'ignorance que vous propagez, l'or que vous répandez, la division que vous semez entre nos frères ; mais vous savez, Grand Assassin ! — le mot est de Gladstone, — que les Révolutions, surtout en Turquie, commencent par l'impulsion d'une minorité décidée et finissent par le peuple qui voit enfin clair.

Ne vous récriez pas, sultan Hamid, nous sommes ceux que vous destiniez à l'exécution de vos crimes et à l'entretien de vos orgies, vous avez voulu nous sortir de l'ignorance, source de misère et de honte ; l'arme redoutable que vous préparâtes retombe vengeresse sur vous et les vôtres.

Vous vouliez nous obliger par l'instruction à tremper nos lèvres dans la coupe d'or, mais pleine de sang des victimes de votre exécrable despotisme. Non, non, nous n'avons pas voulu prosterner nos fronts à l'ombre de votre poignard. Nous, génération que vous prépariez aux vomissures, nous nous posons en face de vous pour vous châtier.

Non content d'avoir fait de la Turquie un charnier, une terre de crimes, vous osez prendre avec impertinence dans le pays le titre d'empereur de tous les États musulmans d'Arabie ou d'ailleurs. Vous éprouvez pourtant des embarras pour faire respecter votre titre, même dans notre territoire. Cela ne vous rebute pas et, quitte à paraître grotesque, vous cherchez, stupidement, à attirer la sympathie des Algériens et des Tunisiens que vous vous obstinez à regarder comme vos sujets ! et vous faites répéter à vos oghlans que le bey de Tunis n'est qu'un vali ordinaire. Cela ne vous empêche pas de perdre le réel sans avoir l'imaginaire.

La République française, cette effigie en bonnet rouge, semeuse du droit que vous voyez, malgré votre rage, tous les jours, sur les timbres des lettres d'indignation qui vous parviennent, nous sauvegarde et nous protège contre vos satellites. A l'ombre de l'exil, nous préparons votre acte d'accusation, qui se dresse terrible et, au moment où vous vous y attendrez le moins, surgira devant vous le justicier vengeur qui vous traînera, la corde au cou, en chemise, grelottant de peur, à la place publique, où vous payerez à la société vos crimes restés jusqu'ici impunis.

Attendez un peu, Sire, ce jour viendra.

Cette lettre, je l'avais de plus fait imprimer en langue arabe et envoyée dans tous les vilayets.

Quelques jours après la proclamation de la Constitution, en juillet 1908, lorsque Abdul-Hamid octroya la charte que lui imposa l'armée rouméliote et qu'il jura solennellement, d'une manière pathétique, qu'il ne la violera jamais et qu'il était heureux d'accorder enfin la liberté à son peuple, ma haine contre lui, je l'avoue, se transforma en reconnaissance. J'ai voulu, comme beaucoup de mes concitoyens, oublier le passé néfaste de cet homme. Je fis mieux. Transporté de joie, comme je venais de terminer mon livre *Histoire de la Turquie*, ouvrage que j'avais sur le métier depuis trois ans, je le lui ai dédié. Puis, au lieu de bénéficier de l'amnistie comme les autres proscrits, je suis resté en France, et je me mis à défendre Abdul-Hamid contre les Jeunes-Turcs qui voulaient empiéter sur les prérogatives que lui accorde la charte constitutionnelle de 1876.

La contre-Révolution du 13 avril me rappela à la réalité. J'ai aperçu l'ombre chinoise du reclus de Yildiz, dans les moindres détails de ces hideuses journées. Il n'y avait plus de doute, je m'étais fourvoyé, Abdul-Hamid voulait avec l'appoint des Jeunes-Turcs dissidents au Comité *Union et Progrès* restaurer l'ancien régime. L'armée de Roumélie qui nous délivra, le 24 juillet 1908, vint encore une fois à notre secours, le 24 avril 1909. Mais cette fois-ci, elle coupa net la corde qui nous tenait encore à Yildiz. Le sultan Abdul-Hamid a vécu.

Il faut donc reconnaître loyalement qu'en faisant de l'opposition, nous faillîmes restaurer l'ancien régime.

Errare humanum est.

* * *

Hors de l'Église romaine, il n'y a pas de salut! En France, pour concrétiser cette maxime après la révocation de l'édit de Nantes, on condamnait aux galères les protestants qui se faisaient baptiser ou marier suivant les préceptes de la doctrine chrétienne. En Turquie, les papistes n'ont jamais eu ce pouvoir. Mais ils ont acquis, sous le couvert du protectorat de la généreuse République, le droit d'enseigner le français à notre jeunesse:

c'est-à-dire de lui apprendre à haïr son prochain non romain.

Pendant le despotisme de la Vieille-Turquie, le palais de Yildiz ne gênait pas cette colossale entreprise du Vatican ; par conséquent nous devions nous incliner et supporter ces extraordinaires pédagogues. La Jeune-Turquie nous a donné la liberté de respirer à pleins poumons. Notre premier geste a été, dès lors, de briser les croisées des couvents, et de crier notre détresse intellectuelle. La République nous a entendus. On va remédier à cette situation ridicule où des jésuites chassés de France sont néanmoins subventionnés par elle pour l'insulter en Turquie. Nous allons apprendre la grammaire sans les exercices extraits des manuels de propagande romaine. Nous saurons que depuis la chute du roi de droit divin Louis XVI, la France a eu des grands hommes, des génies qui donnèrent la liberté religieuse et civile à l'Europe occidentale. Nous verrons que la République n'a pas engendré de scélérats, que les catholiques ne sont pas persécutés en France, comme ils le prétendent. Certes, tout cela est fait pour nous réjouir. Mais la moinerie n'a pas encore désarmé. Elle montre crocs et griffes. Allié à la Vieille-Turquie, le Vatican nous a créé des difficultés en Asie Mineure. Nous savons que certains prétendus libéraux qui essayèrent de renverser la Jeune-Turquie dans les journées d'avril étaient d'anciens élèves des Pères jésuites. Nous avons vu avec quel enthousiasme la presse catholique accueillit le fameux coup d'État qui faillit restaurer l'absolutisme. Et elle continue toujours à nous bafouer avec acharnement. Pour donner le diapason de l'inimitié des ultramontains envers la néo-Turquie, je ne peux mieux faire que de mettre sous les yeux des lecteurs un des nombreux articles parus dans les feuilles catholiques de Paris.

C'est M. Joseph Denais qui écrit sous sa signature dans le *Peuple Français* l'article qui suit :

Les Jeunes-Turcs continuent à pendre, à perquisitionner et à se remplir les poches là où ils peuvent le faire sans danger, c'est-à-dire à Constantinople et dans la banlieue.

Quant à intervenir en Arménie, où les massacres sont chaque jour plus abominables, quant à accéder aux demandes des chrétiens et des puissances, les ministres jouisseurs que l'intrigue et la perfidie ont hissés au pouvoir, se gardent bien de le tenter.

Des dépêches récentes annoncent que les pires atrocités ont été commises à Adana, et que des milliers de protégés français ont été brûlés vifs.

Le gouvernement déshonoré qui pille et assassine à Constantinople continue à demeurer impassible.

Si nous n'étions nous-mêmes si aveulis, nous agirions énergiquement. Mais l'on peut parier, sans risquer, que nous n'en ferons rien. Mohammed V peut continuer, avec l'appui de sa clique jeune-turque, à surpasser Abdul-Hamid dans l'atrocité.

Voici encore une note, un ballon d'essai lancé, du Vatican, dans la presse française ; je la relève du journal *L'Echo de Paris :*

Les Arméniens protestants et catholiques, résidant en Egypte, viennent d'envoyer au pape un télégramme ; ils demandent au Souverain Pontife d'élever la voix en leur faveur et d'intervenir auprès des gouvernements européens pour que ces derniers ne les laissent pas dans la situation douloureuse où ils se trouvent actuellement en Turquie d'Asie.

Cette initiative des Arméniens a produit ici une bonne impression ; elle prouve tout au moins de quel prestige et de quelle haute autorité morale la papauté jouit encore auprès des peuples orientaux.

Nous nous inscrivons en faux et contre les accusations sans preuves de certains journaux et contre les informations absurdes de la curie romaine. Les Jeunes-Turcs veulent rénover l'Empire en substituant l'enseignement laïque à l'enseignement congréganiste. Voilà le crime, le seul forfait qui leur vaut cette levée de soutanes. Je me flatte d'avoir démasqué un des premiers cette manœuvre cléricale.

Quelle honte, pour de soi-disant apôtres de la doctrine chrétienne, de s'abaisser jusqu'à soutenir les hommes de l'ancien régime, c'est-à-dire des scélérats avérés, à seule fin d'exploiter la superstition et l'ignorance pour thésauriser.

Mais la Vieille-Turquie paraît bien morte. Elle

ne se relèvera peut-être jamais. Les généraux des congrégations ont bien prévu cette éventualité. Ils sont prêts à d'autres manœuvres. Le Vatican a plus d'une corde à son arc. Il essaiera de récolter le fruit que les moines ont semé dans la dernière génération des Levantins : l'aversion de la patrie. Des comités de lévites sont déjà fondés à Rome, à Paris, à Venise. La Syrie aux Syriens et aux jésuites. L'Arménie aux Arméniens, la Terre Sainte aux franciscains, etc. Derrière toutes ces propositions d'apparence déraisonnable, que d'intrigues et que de menaces ne réservent pas les hommes noirs aux gouvernants de la Nouvelle-Turquie !

Ah ! si la France savait le mal que les jésuites, les salésiens, les capucins, les franciscains, les lazaristes, les frères et *tutti quanti* ont fait à son influence pendant ces trente dernières années en Orient, et qu'il a suffi de cinq années de propagande de laïcité pour reconquérir le terrain perdu, je suis certain qu'elle abandonnerait à jamais le sort de ces détracteurs de la civilisation française, de ces hommes qui salissent leur nid, leur patrie, pour complaire au chef d'un système qui n'est que la scorie du christianisme. Alors nous les redouterions bien moins. Nous n'aurions plus cette retenue, ce scrupule : le drapeau français derrière lequel ils abritent leurs intrigues.

Nous combattrions plus à l'aise leur enseignement délétère et leur éducation sans morale.

*
* *

Lorsque, au début de la Révolution, Saïd pacha, puis Kiamil pacha s'emparèrent du gouvernail de la Jeune-Turquie, j'ai vu dans le changement de régime un trompe-l'œil, une vaste intrigue à laquelle la régénération de la Turquie servait simplement de paravent. En effet, les patriotes étaient noyés dans la foule des arrivistes de tous clans. Une seule personnalité paraissait détachée dans cette tempête, c'était Abdul-Hamid. Epouvanté de cette soudaine transformation politique de sa capitale, abandonné par ceux sur lesquels il comptait le plus, le sultan, me disais-je, regrette certainement à cette heure le passé, et voudrait se faire pardonner son absolutisme en devenant le gardien autorisé et désintéressé du constitutionnalisme en Turquie.

Et pour l'encourager dans cette voie, il fallait, me semblait-il, par de bons procédés et avec loyauté, faire sentir au souverain le tort qu'il avait eu d'avoir privé si longtemps le peuple ottoman de la liberté, de la charte.

J'essayai de dissiper ses appréhensions contre le Parlement. La chute de Kiamil pacha et l'accession au grand vizirat de Husséin Hilmi pacha me donna pleine satisfaction.

Je crus enfin que le sultan s'était définitivement rallié à la Jeune-Turquie. La contre-Révolution des journées d'avril me rappela à la réalité. Les inqualifiables attentats des agents soudoyés par le Palais contre les officiers, les députés, les journalistes, l'atroce supplice du commandant de marine Ali Kabouli bey par ses subordonnés, aux portes mêmes de Yildiz ; enfin, cette promptitude d'amnistier ne laissa plus de doute à mon esprit : Abdul-Hamid voulait tout simplement revenir au gouvernement personnel par une savante transition ; c'est-à-dire abattre le Comité *Union et Progrès* par l'*Union libérale*, et, enfin, jeter celle-ci par terre par l'*Union mahométane*. Douter de cela aujourd'hui, c'est nier l'évidence même.

Heureusement, les chefs des trois premiers corps d'armée et la discipline de leurs contingents déjouèrent ce plan réactionnaire, qui nous aurait valu indubitablement une contre-Révolution impitoyable, et, ce qui est pis, une intervention européenne.

Cependant, le sang a coulé dans certains vilayets ; des innocents ont payé de leur vie les convulsions d'un régime qui se meurt. Il a fallu commencer le règne de S. M. I. Mehmed V par des pendaisons. Oui, cela nous serre le cœur, d'autant plus que le souverain actuel est la bonté même.

L'ancien régime avait créé sur son compte un courant de calomnies qui se sont vite dissipées, lorsque nous avons pu voir Mehmed V au grand jour. Lui-même a été l'une des grandes victimes de la tyrannie hamidienne. Le souverain a souffert autant que nous, sinon plus, de la camarilla yildizienne. Ses trente-trois années de claustration sont le plus beau gage de son amour pour la liberté.

Nous allons pouvoir nous mettre au travail de la réformation sans crainte. L'armée ottomane est entre d'excellentes mains. Celui-là même qui occupa avec l'armée jeune-turque Constantinople et qui fut chargé de la déposition et du transfert d'Abdul-Hamid à Salonique, Mahmoud Chevket pacha, nous annonce que le tacticien allemand Von der Goltz viendra à Constantinople prochainement. Il sera vice-président du Conseil supérieur de la Guerre, formé sous la présidence du ministre de ce département.

L'Angleterre, d'autre part, apportera son concours au relèvement de notre marine. La France mettra de l'ordre dans nos finances, s'occupera de nos travaux publics, et surtout de l'amélioration de l'enseignement du français.

Toutes les puissances, du reste, pourront apporter leur aide à notre relèvement économique et industriel. Nous demanderons, en retour, qu'elles veuillent bien nous mettre au plus tôt sur le pied d'égalité avec les puissances de troisième, et même de quatrième ordre. Être maîtres chez nous, telle est, désormais, notre seule ambition, tels sont nos desiderata.

Comme nous sommes loin du chauvinisme et

du nationalisme ombrageux dont certaine presse nous accuse !

« Mais vous pendez ! » nous dit-on. Le 9 juin, c'est M. Flourens, ancien ministre des Affaires étrangères, qui nous fait ce reproche dans le journal clérical *Le Soleil*. Le lendemain, dans le même journal, en leader, M. G. Thiébaud écrit :

> En quoi ce régime diffère-t-il de celui qu'on reprochait naguère à Abdul-Hamid ? On pend, sur les places publiques de Constantinople, à des potences perfectionnées et portatives, des centaines de malheureux, dont le crime est de n'avoir pas l'opinion politique des Jeunes-Turcs.

D'abord, on n'a jamais pendu, jusqu'ici, que ceux qui participèrent aux meurtres commis dans les journées d'avril. On a exécuté aussi ceux qui engageaient, au nom du sultan Abdul-Hamid, à assassiner les élèves des écoles militaires. Mais il faut bien que la phobie des Turcs perce d'une manière ou d'une autre. Nos ennemis sont dépités. Ils escomptaient pouvoir décrire, le lendemain de la déposition du sultan, quelques chroniques où il y aurait eu des eunuques empallés, des femmes mutilées, et au milieu de toutes ces horreurs, le corps d'Abdul-Hamid coupé en morceaux, et que sais-je encore ? Barbares, régicides, indignes de la civilisation occidentale, cela aurait été la menue monnaie des épithètes qu'on nous aurait décernées. Eh bien ! les turcophobes en sont marris. L'ex-sultan se porte à ravir. Il est aussi libre à Salonique qu'il l'était à Yildiz. L'ordre et la tranquillité règnent en maîtres dans la capitale.

CHAPITRE VII

Juillet-Septembre 1909

Intolérance religieuse. — Phobie réciproque des chrétiens et des musulmans. — La question crétoise. — Appel à l'union de tous les Ottomans. — Menées de la presse. — Hostilité des journaux catholiques envers la Jeune-Turquie. — Mgr Fava et ses appréciations sur l'islamisme et les Turcs.

Une chose est certaine. Le pays veut en finir, une fois pour toutes, avec les exploiteurs indigènes de l'ancien régime. L'équilibre étant désormais établi entre les différentes personnalités politiques de valeur de la Jeune-Turquie, une idée, un but unique reliant tous les Osmanlis intelligents, présage à la patrie un avenir auquel nous ne nous attendions certes pas, il y a deux ans.

Terminées les criailleries des sophistes sur les principes. Nous sommes tous d'accord qu'il n'y aura plus dans l'Empire que des Ottomans, sans distinction de race ni de religion. Toutes les distinctions qui peuvent se faire et qui se font encore sont secondaires et temporaires. Elles s'effaceront avec le temps, l'enseignement, et la progressive diminution des privilèges des communautés religieuses.

L'islamisme est la religion de l'État. Sa tolérance incontestée, son influence salutaire sur la majorité de la population, son passé, les sacrifices de ses adeptes pour la grandeur de la Turquie, tout cela lui donne le droit de primauté et nous fait un devoir de le respecter. Du reste, les anciens privilèges des communautés religieuses musulmanes n'existent plus qu'en souvenirs historiques. Les mahométans eux-mêmes, depuis bientôt un siècle, les ont réduits à un tel point, que les privilèges des communautés non-musulmanes, auxquels on n'a jamais touché, viennent apporter à notre évolution une importante entrave.

Il faut souhaiter que les non-musulmans comprennent eux-mêmes l'intérêt qu'ils ont à mettre un arrêt aux revendications moyenageuses de leurs clergés respectifs. Comment un patriarche peut-il, aujourd'hui, sous un régime parlementaire, réclamer, comme ressortissant de son domaine religieux, un de ses subordonnés qui aurait violé les lois civiles de son pays? Non, une telle prétention est inconcevable et nous ne voulons pas faire l'injure aux chrétiens osmanlis de croire qu'ils toléreront plus longtemps de pareilles prérogatives aux patriarcats.

Commençons à faire l'essai loyal de la fusion de tous en une seule nation, en apprenant la langue turque comme nous apprenons notre langue maternelle, à rejeter les droits civils religieux, à porter l'uniforme de l'armée ottomane et à effacer à jamais de nos actes officiels les qualificatifs à majuscules : Grecs, Arméniens, Arabes, etc., etc.

Personne plus que moi n'a autorité pour parler ainsi. Je suis né chrétien. Je ne suis ni fonctionnaire, ni étudiant subventionné. Si j'ai souffert sous l'ancien régime, je n'ai rien demandé au nouveau. Mais il faut nous placer au-dessus des intérêts matériels personnels. Il faut que l'intérêt supérieur de notre patrie prévale en tout. Et lorsque des prêtres hypocrites bravent nos lois, se font les détracteurs de notre Constitution, nous devons nous-mêmes les inviter à rester dans leurs églises pour administrer les sacrements. Voilà la seule place où ils peuvent trôner.

Quel déchirement de cœur ne ressent-on pas, lorsqu'on voit les crosses et les mitres au service de la réaction et des factions séparatistes ! Mais les intrigues des *papass* seront vaines si, la Bible à la main, nous les condamnons à méditer les paroles de saint Paul et de saint Pierre :

> Soyez donc soumis à tout ordre humain pour l'amour du Seigneur, soit au roi, comme à celui qui est au-dessus des autres, soit aux gouverneurs, etc.

Les musulmans nous donnent depuis un an les exemples d'une parfaite magnanimité. Au risque de déplaire aux populations ignorantes de certains vilayets, ils ont détrôné un calife, ils ont pendu des imans, des pachas, des officiers, des soldats, et dans toutes ces exécutions de la capitale, il n'y a pas eu un seul non-musulman. Pourtant les chrétiens au service du hamidisme étaient nombreux ; les Melhamé et consorts ont été d'aussi redoutables sicaires que les pires yildiziens musulmans.

Evidemment, il y a les massacres de Cilicie, où le sang des musulmans et des chrétiens a coulé à flots. Mais les prêtres se gardent bien de nous révéler les noms des propulseurs de ces massacres. Nous savons déjà que les premières victimes, à Adana, furent des musulmans. Un prélat, accusé d'avoir été l'un des instigateurs des troubles, a pris la fuite au lieu de venir se disculper devant les tribunaux de son pays. Heureusement, nous ne sommes plus sous l'ancien régime. Les fauteurs des révoltes politico-religieuses ne pourront plus excuser leur félonie, sous prétexte que la Turquie est sous un régime tyrannique. Nous démasquerons tous ces lévites simoniaques et politiciens qui sèment la discorde au milieu de nos populations d'Anatolie. Sans ces intrigants, le sang humain ne coulerait jamais dans ces contrées, où tout convie au bonheur et à la prospérité.

M. G. Latouche, rédacteur à *l'Éclair*, de Paris, a demandé à S. Boustani effendi, député ottoman catholique, si l'enseignement de ses coreligionnaires est estimé et aimé chez les Turcs. Voici la réponse du député de Beyrouth :

Oui, les musulmans éclairés vont aux maisons d'éducation les meilleures. C'est pourquoi l'Université de Beyrouth, tenue par les jésuites, est très fréquentée.

C'est une réponse ambiguë et extrêmement élastique. On voit que Boustani effendi a voulu glisser sur la question. Mais admettons un instant cette hypothèse, quoique les musulmans soient en infime minorité dans les écoles congréganistes.

Est-ce donc pour récompenser l'estime, la condescendance et la longanimité des Turcs que les Pères jésuites d'Orient viennent de publier des plaquettes injurieuses pour l'Islam. J'ai sous les yeux une de ces brochures sur les récents et terribles événements d'Adana. Papier de luxe, naturellement. Sur la couverture, la photographie d'une mosquée quelconque, surmontée d'un minaret, ressort en noir sur un fond d'azur. Une légende, sinistre et mensongère, s'étale au-dessous ; nous en détachons ces mots :

Mosquée et minaret, d'où partent la prière à Allah et l'appel aux massacres.

Le restant de la brochure est à l'avenant. Ce libelle est donné gratuitement à tous ceux qui en font la demande à M. l'abbé Pierre Mazoyer, procureur des missions d'Orient, 17, rue de la République, à Lyon. C'est M. Mazoyer lui-même qui me l'a envoyé avec la lettre que voici :

J'écris à Lyon pour que l'on vous envoie la brochure désirée. Quand j'y serai rentré, le mois prochain, je réunirai divers documents pouvant vous servir et je serai bien aise d'y trouver quelque chose de ce que vous avez déjà publié.

Vous qui aimez la France et qui serez jugé, vu votre nom, plus impartial que nous, veuillez faire comprendre le tort qu'elle se fait par son attitude actuelle en Orient !

Croyez, etc.

PIERRE MAZOYER

***

La Turquie ne peut abandonner sa suzeraineté effective sur l'île de Crète. Il faut que nous maintenions dans cette île nos droits acquis depuis 1669 avec le plus pur de notre sang. La Crète annexée ou en voie d'annexion à la Grèce, c'est la perte à brève échéance de la Tripolitaine, c'est l'anarchie dans l'Archipel à l'état endémique, et c'est la faillite du constitutionnalisme. Il serait inconcevable que l'Europe nous contestât notre suzeraineté sur l'île sous prétexte que la majorité de ses habitants sont de langue et de religion grecques. La Crète nous appartient comme les îles normandes appartiennent à l'Angleterre, la Corse à la France, la Crimée à la Russie. D'après les droits de conquête qui régissent l'Europe, nous sommes les possesseurs légitimes de l'île, et, si nous voulons donner une large autonomie administrative à la Crète, c'est à seule fin de payer pour la dernière fois cette humilité au néfaste absolutisme de jadis.

Mais en voilà assez. Nous sommes les plus pacifiques des hommes, nous n'avons aucun esprit d'impérialisme, aucun besoin de consolider notre régime par les armes ; au contraire, nous voulons la paix pour réorganiser la Turquie. Mais plutôt la guerre avec toutes ses horreurs que la honte de céder à la Grèce, la plus belle conquête des Keuprulu.

Plus que jamais, nous devons nous grouper autour des gouvernants du pays, en ces moments d'épreuves. Nous devons veiller aussi avec une rigoureuse vigilance aux sourdes menées réactionnaires de certains Ottomans. Ils ont fondé des journaux en Europe sous l'étiquette du libéralisme. A Athènes, M. N. Nicolaïdès, celui-là même qui a été expulsé de Paris pour ses menées hamidiennes, inonde la presse et les offices de publicité de sa prose. Nabi bey, ministre de Turquie à Athènes, à qui incombe actuellement la très délicate mission du conflit turco-grec, est-il à même de surveiller les menées de son ami M. N. Nicolaïdès ? Ne serait-il pas un peu gêné, ce ministre plénipotentiaire de la Jeune-Turquie qui, il y a à peine un an, rédigeait des rapports d'espionnage sous la dictée de son patron et bienfaiteur, M. Munir, ci-devant pacha et ambassadeur de Turquie à Paris ? Ce dernier, du reste, ne chôme guère ; avec un noyau de séparatistes et quelques anciens fonctionnaires hamidiens en déconfiture, il fait du journalisme anonyme. Enfin, nous avons le fameux journal *Le Serbesti*. Il paraissait à Stamboul avant les journées d'avril. Cette feuille a été le point d'appui, le prétexte du coup d'État yildizien, par ses violentes attaques de surenchère, contre le Comité *Union et Progrès*. *Le Serbesti* est venu planter sa cocarde batailleuse sur les rives de la Seine. Il mène, ici, une campagne acharnée contre les hommes d'État de la Turquie nouvelle.

Ce qui est plus inquiétant, c'est que de temps en temps, des journaux de Constantinople élèvent la voix au diapason du *Serbesti*. Il n'y a qu'une petite différence de forme et cela par crainte de la cour martiale qui siège, et, il faut le souhaiter, qui siégera de longs mois encore à Stamboul.

Voici un spécimen que je relève de la revue des gazettes du *Stamboul*. La feuille intitulée *Le Néologos*, dit :

A la tempête politique de la semaine dernière, a succédé un calme presque plat, qui est favorable à la solution pacifique de la question crétoise. Cet heureux changement est dû à l'attitude énergique des grandes puissances envers le gouvernement ottoman, prise à la suite de la note provoquante de ce dernier, au gouvernement hellénique, et qui, formellement, déclarèrent qu'elles ne permettraient en aucune façon de troubler la paix européenne, puisque le gouvernement du roi Georges reste tout disposé à remettre aux puissances protectrices la solution définitive de la question crétoise.

Ainsi la Grèce, de son propre aveu, entretenait, jusqu'à ces derniers jours, des officiers de son armée pour créer de l'agitation en Macédoine. Des officiers hellènes commandent la milice crétoise et la poussent à la révolte, et le journal *Le Néologos*, qui s'imprime en Turquie, appelle « note provocante », les légitimes réclamations de la Sublime-Porte.

La liberté d'écrire est une très belle chose ; mais faut-il au moins s'armer contre les vilenies et les hypocrisies. Longtemps privés de la presse en Turquie, sans expérience sur la manière de tenir une feuille publique, nous avons laissé ce soin à des écumeurs qui, si on n'y prend garde, troubleront plus d'une fois la paix et l'ordre dans l'Empire ottoman. Voilà souvent où il faut chercher la genèse des atroces massacres d'Asie. Jusqu'à ce que le Turc comprenne la définition exacte du mot journalisme, et tant qu'il accordera une foi aveugle à ce que disent les gazettes que le hasard met dans ses mains, il faut surveiller la presse. C'est une question de salut public, il ne faut pas y faillir.

* * *

M. Edouard Drumont est implacable envers la Jeune-Turquie. Ce grand écrivain, qui m'a appris dans son livre *La France Juive* que Napoléon Ier était un Israélite, nous éreinte impitoyablement dans *La Libre Parole.*

M. Charles Dupuy, qu'il ne faut pas confondre avec son homonyme, l'ancien président du Conseil des ministres, nous décoche, dans le *Soleil*, des aménités comme celle-ci :

Chez la plupart des peuples orientaux, sous le Turc ou l'Arabe, il ne faut pas gratter beaucoup pour retrouver les hordes féroces ou vagabondes des massacreurs et des nomades. On frissonne au récit des atrocités que ces Turcs, vêtus de redingote, ont commises...

M. Ernest Judet, dans *l'Éclair*, nous secoue aussi vertement que ses confrères.

Pourquoi cette hostilité systématique ? Parce que nous cherchons, dit-on, querelle à la Grèce ! Nous avons soi-disant soif de sang et nous voulons assouvir nos instincts ataviques sur ces pauvres Hellènes, ces innocentes brebis.

Or, le général Famin, ancien commandant supérieur des troupes et commissaire militaire en Crète, qui n'est nullement suspect de grécophobie, vient d'écrire un remarquable article sur la question crétoise. Nous en donnons la conclusion, le dernier alinéa, le lecteur jugera si nos réclamations à la Grèce sont légitimes :

Il ne semblerait pas impossible d'amener la majorité de la population de la Crète à accepter ce *modus vivendi* (c'est-à-dire l'autonomie, avec un gouverneur choisi d'accord entre les puissances et le sultan) si on obtenait que la Grèce cessât d'envoyer en Crète des agitateurs, des armes et de l'argent, si les Crétois étaient bien convaincus que les grandes puissances ne céderont pas de nouveau à la pression venue d'Athènes, et si l'on avait soin de choisir un gouverneur sympathique aux Crétois les plus influents et accepté par eux.

Quelle est donc la raison de cette phobie du musulman, dans la mentalité des personnalités catholiques? Un curieux ouvrage pris à la bibliothèque d'une école congréganiste de Turquie nous le dira. Ce livre est intitulé : *La Pathologie de l'Islam*, il a pour auteur M. D. Kimon.

Cet écrivain nous dit :

L'islamisme et l'osmanisme sont deux forces constituées, également tournées contre l'humanité; le premier formant une religion doublée d'une politique militante; l'autre agissant comme un fléau dévastateur et constituant ensemble un élément actif de décomposition des peuples, une négation flagrante de la civilisation, un élément exterminateur de l'homme laborieux, de la société, de la famille, de la propriété ; une peste, un choléra, un mal cérébral et physique.

L'auteur continue sur le même ton, d'un bout à l'autre de son livre. Mais M. Kimon veut fortifier ses affirmations par l'autorité de l'Église catholique. A cet effet, il nous apporte une lettre ouverte de S. G. Mgr Fava, évêque de France. Voici un extrait topique :

Vous rappelez que les massacres sont dus aux Kurdes : dites plutôt aux Turcs, en général.

L'Empire turc est l'ennemi des chrétiens, en vertu du Coran qui nie la divinité de Jésus-Christ, et n'en fait qu'un prophète. Il regarde le chrétien comme un idolâtre et le méprise ; idolâtre, parce qu'il adore Iça, Jésus, qui n'est, selon lui, qu'un homme. C'est pourquoi il nous méprise et voudrait nous anéantir.

Vous l'avez compris, Monsieur ; aussi dites-vous que les musulmans se jettent sur les femmes chrétiennes avec l'impétuosité d'une guerre sainte et avec une émulation inspirée.

Oui, pour eux, détruire les chrétiens a toujours été guerre sainte et aussi émulation inspirée.

Par qui ? Disons-le hardiment : par leur chef, qui est Satan.

Vous l'avez reconnu vous-même, Monsieur, en disant que, dans certains oratoires où vous vous trouviez avec les musulmans, tout à coup le prêtre de la secte venait de donner le signal lorsque, soudain, une horrible clameur éclata ; tous les assistants, une centaine environ, se transformaient en bêtes fauves en fureur, vociférant avec un ensemble extraordinaire : mort aux Ghiaours !

Monsieur, vous en aurez assez dit pour prouver que Satan inspire ces assemblées et qu'il préside, lui, ces oratoires musulmans, comme les oratoires juifs et francs-maçons.

Le Christ a déclaré ceci : lorsque deux personnes se réunissent en mon nom, je me trouverai au milieu d'elles. Il en est de même de Satan, qui possède ses sujets et, à certains jours, nos Chambres n'offrent-elles pas le même spectacle ? Allez-y, et vous verrez...

Et voilà la clé de la cabale antiturque. Quelles peuvent être nos conclusions ? C'est que le catholicisme est intolérant par essence. Dès lors, comment pouvons-nous plus longtemps confier nos nouvelles générations aux prêtres de ces écoles, où, systématiquement, on cherche à inoculer à nos jeunes gens la destruction du pouvoir spirituel national qui fait la force moralisatrice de l'Empire ottoman ? Inévitablement, nos adversaires nous acculent à une politique anticongréganiste. Tant pis. Nous allons être obligés de surveiller l'enseignement qui se donne dans les écoles catholiques, et je crains que nos investigations ne nous révèlent un des foyers où se préparait tranquillement, sous le despotisme hamidien, le persévérant labeur de la désagrégation de la Turquie.

CHAPITRE VIII

Octobre-Décembre 1909

Contrôle du gouvernement sur les écoles étrangères. — Méthodes d'enseignement et d'éducation dans les écoles congréganistes. — Documents. — L'unité et l'indivisibilité de l'Empire. — Les privilèges religieux des patriarcats. Tribunaux ecclésiastiques. — M. Joseph Denais et le prince Sabaheddine. — Réflexions. — Réponses aux calomnies contre les musulmans. — Nédjib pacha Melhamé et *La Libre Parole*.—Les ennemis du constitutionnalisme en Turquie : les mauvais prêtres de toutes les religions.

Dans son rapport au ministre des Affaires étrangères sur la situation des écoles françaises en Orient, M. Marcel Charlot, inspecteur général de l'Instruction publique, directeur du Cabinet et du secrétariat du ministre des Affaires étrangères de France, écrivait ceci :

Dans le collège des jésuites de Beyrouth, subventionné par le ministère des Affaires étrangères, il ne m'a pas été permis de dépasser le parloir. Comme j'insistais auprès du supérieur pour visiter les classes, il me déclara que les règles de son ordre ne lui permettaient pas de recevoir l'agent français ; je ne pus m'empêcher de répliquer : « Pardon, Monsieur, avez-vous dit l'agent ou l'argent ? »

Et plus loin :

Un directeur d'école laïque a lu une lettre adressée à l'un de ses élèves, musulman et fils d'un riche négociant en coton, lettre dans laquelle un Père jésuite disait à ce jeune homme : « Votre famille et, si vous vous mariez, votre femme, s'opposeront à nos projets ; mais si vous êtes, comme je l'espère maintenant, disposé à vous convertir, vous passerez par-dessus ces résistances. »

(*Journal officiel de la République française*, p. 7241, 26 octobre 1906.)

Si M. Marcel Charlot n'est pas parvenu à voir et à entendre ce qui se passe dans les écoles françaises des jésuites en Turquie, comment, dès lors, les agents de notre gouvernement feront-ils pour surveiller l'éducation et l'instruction qui se donnent dans ces institutions ?

Il faut souhaiter que la Chambre ottomane prenne une résolution virile dans cette importante question, qu'elle revendique hautement les droits de la Turquie à contrôler ce qu'on inculque à nos enfants dans ces écoles.

Nous avons cherché assez longtemps les raisons de l'obstination des congréganistes à dissimuler aux profanes, tant que cela peut se faire, leurs méthodes de former des hommes. Enfin nos recherches viennent de nous édifier complètement. Dans ces écoles, on ne forme pas des hommes libres, des citoyens pour la patrie ottomane, mais des satellites, des auxiliaires au plus répugnant des cléricalismes.

Vous verrez, lecteur, par les extraits qui suivent, puisés dans les livres classiques des Pères jésuites et trouvés entre les mains d'enfants ottomans de douze à quinze ans, ce que sont l'enseignement et la morale congréganistes en Turquie :

D. — Est-il permis de désirer une mauvaise action ou de s'en réjouir, à cause de l'avantage qui doit en résulter ?

R. — Il n'est jamais permis de désirer une mauvaise action ni de s'en réjouir, quel que soit l'avantage qui doive en résulter ; ainsi un fils ne peut se réjouir du meurtre de son père, à cause de la riche succession qu'il en retire. Mais il est permis de se réjouir d'un avantage, quoi qu'il résulte d'un mal ; par exemple, un fils peut recueillir avec plaisir la succession que lui procure le meurtre de son père. (Petit catéchisme de Marotte.)

D. — Est-il quelquefois permis de tuer un innocent ?

R. — Il n'est jamais permis de tuer directement un innocent, même en vue de l'intérêt public ; mais on peut, dans le cas d'une nécessité grave et urgente, faire une action, bonne en elle-même, quoique capable de causer la mort d'une ou de plusieurs personnes innocentes, pourvu que celui qui fait cette action n'ait en vue que le bien qui doit en résulter et qu'il éloigne de tout son pouvoir le mauvais effet qu'il redoute.

(Petit catéchisme de Marotte.)

D. — Est-il permis d'ouvrir et de lire des lettres cachetées et adressées à un autre ?

R. — Non, il est défendu, sous peine de péché grave, d'ouvrir des lettres cachetées et adressées à un autre, de même de lire celles que l'on trouve ouvertes et déposées sur un bureau ou quelque lieu semblable, à moins que l'on ait des raisons de présumer le consentement de l'auteur de la lettre ou du destinataire.

(Petit catéchisme de Marotte.)

D. — Est-on toujours coupable, quand on prend le bien d'autrui ?

R. — Non, il peut arriver que celui dont on prend le bien n'ait pas le droit de s'y opposer ; ce qui a lieu, par exemple, lorsque celui qui prend le bien d'autrui est dans une nécessité extrême et qu'il se borne à prendre ce dont il a besoin pour en sortir, ou lorsqu'il prend en secret au prochain, par manière de compensation, ne pouvant le recouvrer autrement, ce que celui-ci lui doit à titre de justice.

(Petit catéchisme de Marotte.)

D. — En quelle occasion les enfants doivent-ils particulièrement montrer du respect et de la soumission à leurs parents ?

R. — C'est quand il s'agit de choisir un état de vie ; ils doivent alors demander et suivre les conseils de leurs parents, à moins qu'il ne soit reconnu que la volonté des parents est opposée à celle de Dieu.

(Petit catéchisme de Marotte.)

Pour reconnaître si c'est la volonté de Dieu, il faut naturellement s'adresser aux prêtres du pape.

D. — Est-il permis de se servir d'équivoques et de restrictions mentales ?

R. — Il n'est pas permis de s'en servir, quand elles sont telles que le sens ne peut pas en être compris par les auditeurs, parce qu'alors elles sont de vrais mensonges. Mais, lorsque, eu égard aux usages ou aux circonstances, le véritable sens peut facilement être saisi par les auditeurs, il est permis de s'en servir, quand on a une raison légitime de le faire.

(Petit catéchisme de Marotte.)

Il nous faudrait un gros in-folio pour recueillir tous les préceptes de l'éducation religieuse romaine. Ce n'est pas ici notre but. Nous posons des jalons, nous indiquons où se trouve le mal, d'où surgissent certaines mentalités ottomanes qui nous stupéfient par leur cynisme antipatriotique, contrastant avec certains sentiments de profonde religiosité.

Nous allons terminer par un coup d'œil aux rayons de la bibliothèque des Pères jésuites du fameux collège de Beyrouth. Là se trouvent à la discrétion de nos concitoyens les œuvres d'Escobar, Sanchez, Navarre, Vasquez, Tambourin, Sarasa, etc. C'est ce dernier qui nous dit, dans son ouvrage *Art de se réjouir* :

Qu'un homme, par zèle pour la gloire de Dieu et pour le salut des âmes, baptisait les enfants des Maures que les parents lui amenaient, et les tuait aussitôt, afin qu'ils fussent certainement sauvés, et de peur que, ramenés chez leurs parents, ils ne fussent de nouveau séduits.

Ce crime monstrueux n'est pas un péché. L'Eglise catholique l'absout. Car l'homme qui le commet a, d'après les docteurs de l'Église, une *conscience invincible*. Et le Père Gury de la Société de Jésus, un contemporain, celui-là, nous affirme dans son *Compendium de Théologie morale*, analysé par l'illustre Paul Bert, que « la conscience invincible qui permet supprime tout péché ».

Voilà à quelles gens a été dévolue jusqu'à ce jour la mission sacrée de propager en Turquie la tolérance religieuse et les principes immortels de la Révolution française.

* * *

Le plus abject des crimes sociaux est de renier sa patrie, le sol qui vous a vu naître, où les premiers rayons de lumière pénétrèrent dans vos yeux. Et lorsque cette même patrie a longtemps exempté les vôtres de l'impôt du sang, sans humilité, tout en les sauvegardant sous l'ombre de son drapeau, quand elle vous comble de bienfaits, demander sa dislocation sous l'euphémisme d'une décentralisation élargie, oh ! alors, je vous refuse même les circonstances atténuantes. C'est le langage que le Jeune-Turc tiendra toujours au séparatiste quel qu'il soit.

Avant toute chose la Turquie a besoin d'unité et d'indivisibilité. Sans cette formule, nous lutterons vainement contre les inextricables difficultés que nous suscite la configuration géographique de notre patrie. C'est la convergence de tous les éléments du pays qui pourra consolider notre marche vers l'assimilation occidentale. Certes, ceux qui ont fait la Révolution ottomane fixèrent dans leur programme l'union comme article de base ; les chefs de la religion nationale la sanctionnèrent de leur autorité : le pays entier l'a admise en principe. Tout cela est bien, et si nous voulons prendre un exemple, un modèle pour but patriotique, l'histoire de la France est là pour nous donner l'enseignement nécessaire à cette politique.

D'où nous viendraient donc des entraves à cette fusion ? Quelle est la classe, le parti, le corps qui nous barre la route vers cet avenir de fraternité et nous aiguille vers la politique des autonomies ? Est-ce le peuple, la bourgeoisie, l'armée ? Non pas. Est-ce le Coran, la tradition musulmane ? Encore moins. Est-ce les chefs hiérarchiques des clergés non-musulmans ? Oui.

Une telle affirmation demande des preuves. On n'émet pas pareille opinion sans la corroborer de faits. Nous voudrions que notre tâche fût difficile, que nous eussions de la peine à prouver notre opinion. Hélas ! on n'a qu'à déplier la première gazette ottomane pour être immédiatement fixé.

Tel patriarche, nous disent les feuilles publiques, refuse la levée d'immunité sur tel évêque traduit devant les tribunaux nationaux. Tel autre ne consent même pas à ce que des subordonnés ecclésiastiques viennent témoigner en justice. Tel autre, par le canal d'un journal local qu'il détient, insinue qu'il en appellera pour des réclamations à une ambassade étrangère, etc.

Il est temps que cela cesse. Si la Constitution nous place sur un pied d'égalité civile et politique, nous devons refuser aux autorités religieuses leur immixtion dans le domaine civil. Nous avons une Chambre des députés, une presse pour nos réclamations. La place d'un patriarche quelconque est dans son église et dans ses couvents. Hors de là, nous ne pouvons reconnaître son autorité. Il est au civil un simple citoyen, notre égal, il ne prend une autorité réelle qu'à l'Église, lorsqu'il parle de Dieu et de l'Évangile.

Jusqu'ici nous avons eu des tribunaux ecclésiastiques, nous avons été obligés de payer certains impôts religieux. Pour la moindre formalité administrative, nous avions besoin du fleuron patriarcal au bas de nos actes civils. La dénomination de non-musulman ne suffisait pas, nous étions obligés de prendre celle de Grec, d'Arménien, etc. Qu'on le veuille ou non, ces épithètes nous donnaient une double nationalité suivant les fluctuations de la politique étrangère ; elle nous mettait, involontairement, dans un état de suspicion. Aujourd'hui la Turquie est constitutionnelle et parlementaire. L'égalité civile de tous est un article fondamental de la Constitution qui régit l'Empire ottoman. Dès lors, des distinctions confessionnelles ne peuvent, si elles continuent, que porter atteinte à notre liberté individuelle. Voilà, à notre avis, où gît le mal. D'un côté le pouvoir civil qui cherche à nous rallier autour du drapeau ottoman et de l'autre côté les patriarcats qui veulent nous séparer pour nous unir à autant de centres qu'il y a de confessions en Turquie. Tous ces faits réunis, ces courants d'opinions divergents mènent insensiblement les non-musulmans à envisager un fédéralisme qui serait pour eux et la Turquie un régime néfaste.

Réagir vigoureusement contre les privilèges exorbitants des hiérarchies religieuses non-musulmanes, comme Sélim III et Mahmoud II ont réagi les premiers contre les faux interprétateurs de la loi du Prophète, tel est, je crois, le desideratum de tous les patriotes ottomans.

Ayons confiance dans le bons sens des non-musulmans, ils sauront d'eux-mêmes faire sentir à leurs chefs religieux que cet acharnement à vouloir maintenir de vieux privilèges, qui avaient leur raison d'être sous l'absolutisme, mais qui ne l'ont plus sous un régime de liberté, est un obstacle à l'homogénéité indispensable au progrès.

Certes, nous entendons déjà les objections des patriarches.

— Les musulmans ont le Chéri, leur Calife, leurs tribunaux religieux, pourquoi n'aurions-nous pas les nôtres ?

C'est bien simple. Les musulmans sont la majorité dans le pays ; leur religion embrasse le judaïsme, le christianisme avec lesquels est venu se combiner la religion de Mahomet. Le Coran et la tradition musulmane sont tolérants. Le Calife a une autorité respectée par tous les sunnites. Il peut être l'arbitre, le chef incontesté et obéi. Les patriarches peuvent-ils en dire autant ? Les disputes des différents rites romains d'Orient ont défrayé toutes les chroniques. Les luttes des évêques grecs et grecs-unis, arméniens et arméniens-unis, des maronites, des chaldéens, etc. ont toujours été tempérées, adoucies par le bon Turc qui, avec l'inoffensive houlette du bon berger, a apaisé les disputes théologiques qui, sans lui, auraient souvent dégénéré en batailles sanglantes. Voilà pourquoi nous devons respecter dans le monarque de Constantinople le sultan constitutionnel des Ottomans et le Calife de l'Islam. Méconnaître cette sage soumission, c'est préparer à nos descendants l'invasion étrangère. Ah ! celle-là ne respectera que ses intérêts impérialistes, elle fera fi de nos querelles de sacristie. Il faudrait obéir comme les Polonais obéissent à la Russie et les Irlandais à l'Angleterre.

*
* *

M. Joseph Denais (1), un des enthousiastes de l'état-major du prince Sabaheddine, celui-là même

1. M. J. Denais a écrit un livre intitulé : *La Turquie nouvelle et l'ancien Régime*. (Librairie Marcel Rivière, Paris, 1908.) Cet ouvrage est un chaud plaidoyer en faveur de la candidature du

qui, au début de la Révolution, dans d'inénarrables dithyrambes, nous proposait, sans sourciller, le prince Sabaheddine comme padischah décentralisateur et fédéraliste, M. J. Denais, dis-je, nous invective depuis que nous n'avons pas voulu de son illustrissime candidat au trône d'Osman. Le dépit, la colère aveuglent à tel point M. Denais qu'il oublie avoir été, il y a quelques mois à peine, un des chauds partisans de l'abrogation des capitulations. Et dans le journal de l'abbé Garnier il appelle la suppression des capitulations « l'assujettissement des Européens au Code musulman ! » Et toujours sans pitié, il continue ses diatribes sur le programme scolaire du gouvernement ottoman. Le ministère Hilmi a déclaré que l'enseignement à tous les degrés sera libre en Turquie. Mais pour que les bacheliers, les licenciés des écoles congréganistes puissent aspirer à occuper des emplois dans l'État, il faut qu'ils connaissent la langue et la culture nationales.

M. J. Denais appelle cela un coup contre le christianisme et la culture française.

Quels sont, dit-il, les aveugles qui se déclarent

prince Sabaheddine bey au trône d'Osman. Certes, la candidature de Sabaheddine bey est très habilement présentée par l'auteur, mais M. Denais ignore sans doute que la Turquie n'est pas la France, ni la maison d'Osman la maison de Bourbon et que le prince Sabaheddine ne pourra jamais jouer sur les rives du Bosphore le rôle des d'Orléans en France. La religion musulmane, les coutumes, la tradition s'y opposent formellement.

encore partisans des Jeunes-Turcs, ennemis de la France et du christianisme ?

Quels sont les naïfs qui se félicitent d'avoir favorisé une Révolution dont tous les vainqueurs, — les Turcs musulmans, — ne songent qu'à affermir leur domination sur nos traditionnels clients, les populations chrétiennes ?

Malgré cette apparente incohérence de langage, l'honorable M. Denais est très conséquent avec ses idées. Il est avec M. Paul Fesch, M. de Lormais, le champion de l'enseignement congréganiste et du prosélytisme papiste en Turquie. Il sait que dans les écoles religieuses catholiques on s'obstine à ne guère enseigner la langue et la culture turques. Dernièrement, les Pères lazaristes ont affirmé catégoriquement qu'ils ne tolèreraient pas chez eux des professeurs réguliers de la langue turque. Avec le prince Sabaheddine comme sultan, l'abbé Fesch comme cheik-ul-Islam, des accommodements étaient possibles. Avec les hommes d'État actuels, il ne faut pas y songer. De là, toutes ces attaques inexplicables pour les profanes. Notre devoir est de les mettre en lumière.

Nous resterons toujours les grands admirateurs de la langue française. C'est elle qui nous initia à la civilisation occidentale. Il faut avoir vécu en Turquie, pour bien saisir les charmes que la culture française exerce sur les intellectuels osmanlis. Cependant, le Turc n'a jamais préféré une langue étrangère à la langue nationale. Sur les bancs de nos écoles laïques, il a appris, en même temps, le turc et le français. Au contraire, le non-musulman, par aversion pour l'ancien régime, avait poussé le mépris jusqu'à négliger même les premiers éléments de la langue turque. Aujourd'hui, le gouvernement, les Chambres veulent réagir contre ce lamentable état de choses. Qui ose les en blâmer? Les ultramontains. Pourquoi? Parce que les hommes qui veillent sur la destinée de la Turquie veulent arrêter énergiquement les menées cléricales, les croisades des moines qui prêchent la haine contre l'islamisme et le mépris des musulmans.

Nous ne sommes pas des Marocains. Les procédés des jésuites envers ce malheureux pays ne siéraient pas en Asie Mineure ; cependant, il est bon d'être aux aguets et de méditer les remarquables paroles que le général d'Amade, ancien commandant du corps expéditionnaire français au Maroc, a dites sur l'impérialisme du Vatican qui fait agir l'Espagne au Maroc.

Voici cette déclaration :

L'Espagne est d'ailleurs sollicitée dans cette voie (la croisade contre les musulmans) par l'influence de Rome, le Maroc étant un vicariat apostolique espagnol au point de vue de la propagande.

Pendant la campagne de la Chaouïa, les premiers aumôniers catholiques, des missionnaires français, furent, sur l'ordre de Rome, remplacés par des Espagnols dès la rentrée des colonnes. Aujourd'hui encore, ce sont des prêtres espagnols qui, dans nos ambulances militaires, apportent aux Français catholiques les secours de la religion. Il y a donc là, du côté de Rome, un encouragement constant de l'influence espagnole et une aide précieuse, bien que les missionnaires espagnols ne se fassent aucune illusion sur la portée de leur prosélytisme auprès des tribus marocaines.

Si ces paroles du général français n'ont pas un rapport direct avec la Turquie, il y a, cependant, une certaine relativité que nous signalons à la vigilance des gardiens de notre Constitution et de l'intégrité de notre patrie.

* * *

Parmi les excommuniés frappés par l'excommunication majeure, les uns sont dits *tolérés*, les fidèles ne sont pas tenus de les éviter; les autres sont dits non *tolérés* ou à éviter, les fidèles doivent les éviter.

Nous ne jugeons pas qu'ils soient homicides, ceux qui, brûlant du zèle de leur mère l'Église catholique contre les excommuniés, en massacrent quelques-uns.
(*Analyse des Œuvres du P. Gury*, S. J.,
par Paul Bert).

Et ce massacre des excommuniés n'est pas l'opinion d'un quidam quelconque. C'est lopinion de l'Église romaine et de ses docteurs; le théologien, bien connu, que nous citons, ne fait que transcrire l'opinion ultramontaine.

Evidemment, les temps sont durs; on ne peut guère tailler et embrocher les excommuniés, les hérétiques, les infidèles, comme au bon vieux temps. Néanmoins, la théologie morale est là; on l'enseigne; elle fait droit, et si on pouvait éviter les lois civiles qui punissent les homicides, on verrait, non seulement en Turquie, mais en Europe, et même à Paris, d'excellents chrétiens et d'illustres penseurs au bout des piques des papalins.

Chacun sait qu'une des calomnies courantes contre les musulmans, ces fidèles observateurs du décalogue, est de les accuser d'être des sensuels. Les bons abbés se font des gorges chaudes sur les houris du paradis de Mahomet et autres insanités forgées dans la lubricité maladive de leur cerveau contaminé par le célibat forcé. L'éminent et autorisé théologien Gury, dans ses œuvres approuvées par Rome, va lui-même nous montrer, dans un petit roman de sa création, si le sensualisme et l'érotisme romains peuvent jamais trouver un contrepoids, non pas dans les imans et les théologiens musulmans, mais chez le marquis de Sade lui-même.

C'est une petite histoire à l'usage des confesseurs; elle est intitulée :

Une femme, sœur, fille, épouse de son mari.

Ludimille, veuve, d'une famille noble, éprise d'un amour honteux pour son propre fils Jules, s'aperçoit qu'il va *coucher*, la nuit, avec la servante. Alors elle conçoit un dessein abominable. Elle trouve un prétexte pour envoyer sa servante ailleurs et se glisse dans son lit. Jules, ne soupçonnant rien, arrive à l'heure convenue, et, sans le savoir, accomplit, avec sa mère, un inceste affreux.

Ludimille devient enceinte. Son fils, cependant, séjourne quinze ans, pour affaires de commerce, dans des pays éloignés. En son absence, Ludimille met, secrètement, au monde une fille qu'elle confie d'abord à une nourrice, et qu'elle reprend ensuite dans sa maison, comme une enfant abandonnée. Jules, rentré chez lui, s'éprend d'amour pour cette jeune fille... Il demande à sa mère quelle est sa condition et son pays. Sa mère lui répond que c'est une enfant de la plus basse naissance, et que, par pitié, elle l'a recueillie et élevée.

Le fils, sentant sa passion se développer, déclare à sa mère qu'il veut l'épouser. La mère refuse obstinément, parce que pareille alliance déshonorerait la famille, la jeune fille n'ayant ni fortune, ni naissance.

Jules s'entête et, malgré sa mère, contracte un mariage en règle et s'unit à la jeune fille. Le père vrai et naturel a donc épousé sa fille ; le frère germain, sa sœur germaine.

D. — Une dispense peut-elle être obtenue du Pape? Les époux doivent-ils être avertis de se séparer ?

(*Traité du Mariage*, par le P. Gury, analysé par Paul Bert.)

Voilà les jolies histoires qu'on apprend dans les sacristies et les séminaires.

Nous sommes certainement les premiers à respecter la religion de nos concitoyens, quelle qu'elle soit. Jamais, même aux pires époques de l'absolutisme, les non-mulsulmans n'ont subi d'entraves à leur culte. Tous ceux qui connaissent les Turcs peuvent l'attester. Mais ceux que nous combattons ici, ce sont les détracteurs enjuponnés de la religion musulmane qui, abrités derrière des titres ecclésiastiques, nous incitent au mépris des institutions ottomanes.

Nous ne prendrons pas le change. Nous connaissons maintenant les menées des jésuites en Syrie, des franciscains en Tripolitaine, en Mésopotamie et en Albanie, des lazaristes en Anatolie.

Education, enseignement, religion ne sont que des voiles derrière lesquels ces moines dissimulent l'intolérance, la cupidité et la trahison. Si nous voulons persévérer dans la régénération de notre chère patrie, nous ne pouvons tolérer que des hommes vêtus de manteaux sacrés, vivant en marge de nos lois, couverts de privilèges surannés et d'immunités exorbitantes, viennent jeter la discorde dans nos foyers. Et cette désagrégation systématique de notre pays ne se fait point dans les ténèbres de bouche à oreille ; c'est à des milliers d'exemplaires, avec l'autorisation du Pape, que l'évêque de Grenoble, S. G. Mgr Fava (voir chap. VII, p. 114) prédit ceci aux chrétiens de Turquie :

> Dieu s'est servi des mahométans pour punir les Grecs schismatiques, et il est probable qu'il s'en servira tant que durera le schisme.

Vainement, auriez-vous recours à des moyens humains pour écraser les musulmans, qui écrasent tout sur leur passage ? Vous n'arriverez pas à vos fins. Convertissez-vous et la force du monde changera.

* * *

Le lendemain de l'exécution de F. Ferrer, le directeur de l'École moderne de Barcelone, dans le fossé de la forteresse de Montjuich, *La Libre Parole*, organe attitré des Ottomans cléricaux, comparait le sinistre château barcelonais aux bénignes prisons de Stamboul. Cet article vaut la peine d'être cité. C'est un document que nous placerons soigneusement dans les annales de la Révolution ottomane. La postérité le jugera. Ah ! l'organe de M. E. Drumont doit être singulièrement débordé de copie antiturque, pour être réduit à faufiler des contes d'Ali-Baba dans les sanglantes répressions d'Espagne.

L'article de *La Libre Parole* est intitulé :

« Encore de Montjuich à Stamboul » :

Je n'ai pas vu que les nombreux *humanitaires* qui tonitruent en l'honneur de Ferrer aient levé la plume, pour arrêter les sanglantes répressions de Constantinople.

Pourtant, s'il est une nation chez laquelle l'Europe n'a pas de scrupules à intervenir, c'est bien la Turquie.

Mais les représailles étant exercées au nom de l'Internationale judéo-maçonnique, l'*humanité* s'était mis un bâillon, la Justice et la Vérité étaient subitement devenues aphones, et leurs scribes avaient un fil à la plume.

Les *rescapés* de ces événements sanglants peuvent aujourd'hui se défendre, et par leur éclatante justification, on peut juger de l'inanité des charges qui pesaient sur la plupart des victimes.

Parmi ces *rescapés* figure Nédjib Melhamé pacha, ancien sous-secrétaire d'État aux Travaux publics et au Commerce, qui resta sept mois dans les angoisses de la prison.

Alors qu'il était sous la menace, nous avons pris ici sa défense dans des *Lettres de Constantinople*, et il nous plaît de montrer, aujourd'hui, à quel point ce prisonnier était digne de la sympathie universelle.

Nédjib Melhamé pacha avait été mis en jugement comme tortionnaire des Arméniens poursuivis pour l'attentat de Yildiz.

Suit un long plaidoyer de Nédjib Melhamé par lui-même. Inexactitudes, affirmations sans preuves, petits papiers sans valeur qui ne méritent même pas la peine d'être rapportés. (Voir *La Libre Parole* du 14 octobre 1909.)

Et le journal de M. E. Drumont conclut :

La vérité, c'est que cet homme de bien se trouvait, tout naturellement, désigné par ses sympathies pour la France comme par ses origines catholiques aux coups d'une faction que guidait, derrière l'Internationale maçonnique, une puissance qui n'est pas précisément l'amie de la France.

Peu s'en est fallu, pourtant, qu'il fût sacrifié *comme tortionnaire des Arméniens !*

Par celui-là jugez des autres, dont l'hécatombe illustra sinistrement les derniers événements de Constantinople.

Mais, jamais le *mystérieux chef d'orchestre* ne leva son bâton en leur faveur : ils n'avaient pas trahi leur pays, ils l'avaient servi ; ils n'avaient pas préconisé le massacre, ils s'étaient opposés à tous risques, à l'assouvissement d'aveugles vengeances.

Voilà comment sont renseignés les pauvres lecteurs de *La Libre Parole* sur les choses de Turquie. Nédjib Melhamé, le francophobe le plus invétéré de l'ancien régime, est appelé ami de la France ! Ce tortionnaire notoire (voir chap. V, p. 71) de milliers de malheureux Ottomans serait, ô ironie ! digne de la sympathie universelle.

* * *

Les ennemis du constitutionnalisme en Turquie, je les ai dénoncés bien avant la Révolution: ce sont les mauvais prêtres de toutes les religions. Tous ces parasites des livres sacrés s'abritent derrière la foi des croyants, pour les exploiter et les vendre au joug du tyran qui voudrait y mettre le prix. Fonctionnaires prévaricateurs, théologiens menteurs, faux interprétateurs de textes, ambitieux, tartufes, ils ont apporté, jusqu'à ce jour, le poids de leur autorité soi-disant spirituelle au maintien du régime du crime. Aussitôt qu'ils ont vu poindre, à l'horizon, l'aurore de l'ère nouvelle, ils se sont effrayés. La lumière les épouvante : ils regrettent les ténèbres. Ils font déjà appel à la réaction ; ils promettent leurs concours à celui qui voudra sauvegarder leurs privilèges, leurs richesses, leurs prébendes. Ils hurlent à la persécution, ils soulèvent les populations ignorantes, ils soudoient les publicistes reptiliens. Les X..., les Z..., de races et de religions différentes, fraternisent, se coalisent, bavent leur venin dans les feuilles publiques ottomanes, appellent l'étranger à l'affermissement de la domination des moines.

Oh! c'est bien vrai, les lois sont semblables à des toiles d'araignées qui retiennent les petites mouches et qui laissent passer les grosses. Les Vahdeti, sur les places de Stamboul, ont payé de leur vie, pendant les journées d'avril, des méfaits que les reptiles à la solde des prélats continuent à commettre impunément.

Un ecclésiastique viole une fille ottomane : celle-ci fait appel aux autorités légales. Le patriarche de qui relève le prêtre coupable réclame l'immunité pour son ressortissant, et les braves Turcs s'inclinent.

Un autre prélat veut s'immiscer dans les affaires civiles de l'État. Le gouvernement lui fait observer qu'il n'en a pas le droit. Qu'importe, dit ce singulier vicaire de Jésus : et il se met en bataille contre César.

Vous croyez peut-être, lecteur, que ce libéralisme ancestral, cette magnanimité des Turcs, leur vaut au moins la neutralité du haut clergé occidental? Détrompez-vous. Un article d'un des moniteurs officiels des congrégations romaines, la fameuse revue *L'Ami du Clergé* vous édifiera. Il s'agit d'une critique sur un livre: *Histoire de la Turquie*, écrit par votre serviteur. La feuille ultramontaine, dans un style badin, où, néanmoins, on sent la pointe du stylet, prend mon livre comme point d'appui pour calomnier les musulmans et dauber sur les Turcs.

L'auteur du livre qui vient de paraître est un Turc, qui est l'hôte de la France depuis treize ans, et qui a écrit son livre en notre langue, nous dit la feuille pieuse de Langres.

Il est très intelligent et n'hésite pas à avouer l'échafaudage de contes et de mensonges dont *l'Histoire de la Turquie* a été encombrée par des historiens panégyristes des sultans, mais aussi, dit-il, par les détracteurs des musulmans.

L'auteur a visé à raconter les faits exactement; mais quand il s'agit de les apprécier, il reste très Turc, et on ne s'attend pas qu'il en puisse être autrement. Par exemple, la grande faute initiale commise par Mahomet II, au lendemain de la prise de Constantinople, c'est, d'après lui, la reconnaissance, par le sultan, de l'Église grecque, avec toutes ses prérogatives du passé : ce fut, dit-il, le premier jalon de la discorde, le germe de la haine sourde qui divisa, plus tard, et divise encore de nos jours, la population de l'Empire en deux : les musulmans et les non-musulmans. En effet, ce jour-là, Mahomet II brisait avec la vieille tradition musulmane : *Crois ou meurs.*

De même, dans l'appréciation des massacres modernes, il est tout à fait de l'opinion de son préfacier, pour qui ce n'est pas le Turc qui commence jamais : *le Turc moderne nous apparaît toujours comme le gendarme loyal et débonnaire qui supporte patiemment beaucoup d'agaceries et qui se fâche seulement quand on le pousse à bout.*

On se rend compte, avec cela, du point de vue de notre Turc. Ce point de vue entendu, il reste que son récit est bien conduit, vivant, vraiment attachant.

Mais on sera heureux tout de même, en fermant ce livre, d'en rouvrir un autre, qui est vieux d'un demi-siècle et qui méritait plus de lecteurs qu'il n'en a eus : l'*Histoire des Ottomans*, de Lamartine.

Messieurs du clergé, lisez le Coran, la tradition musulmane et l'*Histoire des Turcs*, je vous mets au défi de trouver quelque part la formule : *Crois ou meurs*, que vous attribuez à l'Islam. Ne serait-ce pas plutôt une formule des papes, que vous cherchez en vain à rejeter sur Mahomet ?

Et, certes, si Lamartine pouvait surgir de sa tombe, comme bien d'autres illustres morts desquels vous vous réclamez, il vous jetterait à la face ce passage de son *Histoire de la Turquie :*

Jérusalem, quoique berceau et capitale du christianisme, fut forcée de se résigner à subir le joug des musulmans. Le calife fit le pèlerinage à la tombe du Christ. Le patriarche Sophronius, chef des chrétiens, conduisit lui-même Omar dans l'église de la Résurrection... Il demanda avec déférence au patriarche une place dans un coin de l'édifice où il pût s'étendre et prier pour ne pas manquer de respect au lieu saint. Le patriarche lui dit de prier à la place où il était assis. Mais Omar s'y refusa par scrupule. Sophronius, alors, le conduisit dans l'église moins auguste de Constantin, mais il refusa également de prier dans ce sanctuaire, et, sortant des portes, il fit ses prosternations et ses prières sous le portique qui regardait l'Orient. Le patriarche Sophronius, s'étonnant d'une telle modestie et d'une telle réserve chez un conquérant : « Tu ignores, sans doute, lui dit Omar, pourquoi je « me suis abstenu de prier dans une église chré« tienne? C'est par égard pour vous ; les musulmans « se seraient emparés, à mon exemple, de vos « temples, et rien n'aurait pu les empêcher de prier « eux-mêmes dans des églises où leur calife aurait « prié. »

On voit par ce récit transmis par les chrétiens de Jérusalem eux-mêmes, combien la prétendue persécution d'Omar contre le christianisme est une fraude pieuse inventée après coup, au temps des croisades, pour semer la haine contre les musulmans (1).

(*Histoire de la Turquie*, Lamartine, vol. 1, p. 312.)

1. C'est ce même Omar, qui a été accusé faussement et, qu'on accuse encore dans les classiques des écoles d'Orient, d'avoir fait brûler la fameuse Bibliothèque d'Alexandrie. Or, l'inanité de cette accusation les gens sérieux ne la discutent même plus. Mais elle sert encore dans les écoles à entretenir chez les jeunes la haine de l'islamisme et de ses grands types.

CHAPITRE IX

JANVIER-MARS 1910

Une enquête sur la congrégation des Pères lazaristes. — Le panslavisme et ses agents. — Les Charmetant, les Mazoyer. — Analyse d'une brochure sur les massacres d'Adana. — La composition du Comité *Union et Progrès*. — Son action en Turquie. — La dissolution du Comité s'impose : les raisons. — Les révélations du général Chérif pacha sur les méfaits du Comité. — Documents et réflexions. — Mahmoud Chevket pacha et le Comité *Union et Progrès*. — Le Comité est une loge maçonnique. — Le sultan Mehmed V. — Réflexions. — Retour au bon sens. — Le maintien des privilèges religieux est nécessaire.

J'ai entrepris une enquête sur l'influence éducatrice, en Turquie, de la congrégation catholique la moins décriée, celle des lazaristes, fondée par saint Vincent de Paul. Impartialement, je résume ici les notes que j'ai recueillies pendant les six mois que je viens de vivre, pour ainsi dire, la vie de cette confrérie. Prospectus, livres scolaires, livres de piété, lettres confidentielles, correspondances d'anciens élèves, interviews de Pères lazaristes, je n'ai rien négligé. Et pour couronner ma documentation, je suis parvenu à obtenir trois longs entretiens particuliers avec M. Villette, procureur général de cette congrégation.

Les Pères lazaristes ont un avantage considérable sur leurs congénères des autres associations religieuses. Cet avantage consiste à se dissimuler admirablement bien derrière l'abnégation des sœurs de Saint-Vincent-de-Paul. Ces religieuses aux amples vêtements de bure, à l'énorme coiffe, ces braves filles, parfois jolies, toujours aimables, que nous connaissons tous, appartiennent à la même confrérie que les lazaristes. Elles sont dirigées par ces derniers. Elles n'agissent, dans toutes choses, que sur les ordres, les indications des supérieurs généraux des lazaristes de Paris, de Vienne, de Rome et même de Londres et de New-York. Car, malgré toutes ses apparences françaises, cette congrégation est, dans la pleine acception du mot, une puissante Société internationale. L'autorité exclusive du supérieur général de Paris, actuellement M. Fiat, qui s'intitule directeur général des prêtres de la mission et des Filles de la Charité, n'est que purement nominale.

En Turquie, les établissements enseignants des lazaristes sont divisés en deux protectorats : français et autrichien. Les mêmes prêtres, suivant les nécessités de leurs affaires, de leurs intérêts, peuvent passer d'une maison à l'autre, pour changer de nationalité.

Un Père lazariste me disait avec humour :

A Constantinople, nos maisons de Saint-Benoît et de Sainte-Pulchérie sont françaises ; la maison de

Saint-Georges est autrichienne. Ainsi, le matin, à Sainte-Pulchérie, où je dis ma messe, je suis sous le protectorat des francs-maçons qui gouvernent la France ; le soir, dans ma chambre à coucher, à Saint-Georges, je suis le très fidèle sujet de l'empereur d'Autriche.

Le Père Villette, plus circonspect, me déclarait :

Notre hôpital des Sœurs, à Constantinople, est subventionné par la municipalité turque et il est sous le protectorat français. Après la prise de Constantinople par Mahmoud Chevket pacha, nous avons été félicités par le gouvernement ottoman pour les soins que nous avons donnés aux soldats blessés. Vous voyez que nous sommes bien avec tous, même avec les jacobins de la Jeune-Turquie.

J'avais envie de faire observer à mon éminent interlocuteur, M. Villette, que les félicitations et les subventions s'adressaient aux bonnes sœurs, j'ai préféré me taire pour mieux me documenter.

J'ai des lettres dans lesquelles d'anciens élèves des lazaristes se plaignent d'avoir été incités à se convertir au catholicisme. J'ai naturellement voulu recevoir l'aveu de ces actes de prosélytisme de la bouche même des lazaristes. La chose était difficile. A des questions directes, je recevais des réponses négatives. Toutefois, un jeune Père, M. Eugène Le Graverend, m'avoua innocemment que la joie d'obtenir des conversions est le souci primordial de la congrégation. Le procureur général de la communauté m'affirma, lui-même, que, cette année, les lazaristes avaient conquis au catholicisme un jeune élève musulman du collège de Saint-Joseph-d'Antoura, à Beyrouth. Cet Ottoman eut le premier prix pour l'instruction religieuse et son nom figure, en lettres d'or, sur le tableau d'honneur de l'établissement. Au reste, les lazaristes ne sont pas, de par la règle de l'Ordre, des congréganistes enseignants. Ce sont des missionnaires ; toute leur action doit tendre à la conversion des hérétiques et des infidèles. L'enseignement n'est pour eux, en Turquie, qu'un moyen d'arriver à la conquête des âmes.

Dans les vilayets de Monastir, de Salonique, de Smyrne, d'Alep, de Damas, de Beyrouth, nous trouvons des lazaristes solidement établis et abrités toujours derrière l'abnégation des Sœurs de la Charité.

Mais c'est dans l'établissement d'enseignement secondaire d'Antoura, à quelques kilomètres de Beyrouth, que cette congrégation possède la plus néfaste pépinière, d'où elle déverse tous les ans, en Syrie et en Cilicie, un nombre important d'Ottomans antiturcs et antimusulmans.

Au collège français de Saint-Joseph-d'Antoura, me déclarent les lazaristes, la religion apostolique, catholique et romaine préside à l'éducation et à l'enseignement. Le chiffre total des élèves de cet établissement est de 320 à 350.

Voici les plus importantes conditions d'admission :

1° Les élèves sont admis depuis huit ans jusqu'à treize ans ;

2° Ceux qui ont déjà passé quelques années dans d'autres établissements *catholiques* peuvent être admis après cet âge ;

3° La pension complète est de 500 francs, pour les dix mois de l'année scolaire. Les livres classiques, le trousseau, le blanchissage sont à la charge des parents.

Le programme des études débute ainsi :

Avec la langue française, on enseigne simultanément l'*arabe* et l'*anglais*, qui sont l'objet de soins spéciaux. Le *turc* et le *latin* sont facultatifs.

La langue nationale est donc classée dans le programme de ce collège avec une langue morte. Un Arabe chrétien, — il est défendu que le professeur de turc soit musulman, — vient rappeler, dans quelques fugitives leçons, à de rares élèves, la langue nationale de l'Empire ottoman.

Mais voici une compensation, de quoi éblouir les pauvres parents :

Le programme des études se divise en trois branches : études littéraires, scientifiques et commerciales.

1° Les études littéraires comprennent : la connaissance complète de la langue française (Grammaire, Littérature, Rhétorique, Philosophie) ;

2° Les études scientifiques : Histoire, Géographie, Cosmographie, Physique, Chimie, Arithmétique, Algèbre, Géométrie, Histoire naturelle (Géologie, Zoologie et Botanique) ;

3° Les études commerciales : tenue des livres, droit commercial.

Or, toutes les matières de ce vaste programme se réduisent, de fait, à peine aux connaissances acquises dans les classes élémentaires des lycées et collèges de France. Les étudiants qui sont venus compléter leurs études en France me le déclarent unanimement :

Les diplômes des écoles congréganistes, assurent-ils, sont la risée des examinateurs des grands lycées parisiens.

C'est nous qui avons formé, à la Turquie, les grands hommes tels que les Melhamé, les Moutran, les Ganem, etc., etc., me disait, dans notre dernier entretien, le Père Eugène Le Graverend. Son Excellence Nédjib Melhamé a particulièrement laissé les meilleurs souvenirs dans notre collège d'Antoura.

— Monsieur Le Graverend, me suis-je permis de répondre à ce bon lazariste, votre ancien élève, pour lequel vous ne tarissez pas d'éloges, est un francophobe notoire et, sous l'ancien régime, il a excellé dans l'art d'arracher des aveux aux accusés politiques, en leur mettant des œufs bouillis sous les aisselles et des charbons ardents aux plantes des pieds.

L'excellent prêtre leva les mains au ciel et d'une

voix forte et convaincue, s'exclama, à mon grand étonnement :

Calomnies et mensonges ! On a voulu salir cette famille illustre, qui a donné, à la Turquie, plusieurs hommes d'État. C'est la basse vengeance de quelques arrivistes.

Profitant de l'enthousiasme de mon interlocuteur, je lui demandai si le Comité central syrien, qui publie, à Paris même, un journal, *Le R. A.*, n'était pas constitué par d'anciens élèves des lazaristes de Syrie. M. Le Graverend me répondit par un sourire énigmatique. J'en savais assez.

Songeur, je pris congé de ces messieurs ; longeant les parloirs vitrés, où d'élégantes Parisiennes s'entretenaient, en tête à tête avec de jeunes prêtres, je pensais à la nécessité où la Turquie se trouve de protéger les couches nouvelles contre l'éducation et l'enseignement de ces soi-disant Français, que la France elle-même rejette hors de ses écoles.

* * *

Un proverbe serbe, communément employé chez les Slaves, nous dit :

Prends un Arménien, coupe-le en morceaux ; tu auras de quoi faire trois Juifs et il te restera de quoi faire un joli coquin.

Ce dicton n'a jamais été acclimaté chez les musulmans de Turquie. Ils l'ont toujours repoussé avec dédain, même au temps sinistre des bombes lancées sur les passants pour soulever des représailles et essayer de faire intervenir militairement l'étranger en Turquie, les musulmans n'ont jamais voulu généraliser, rejeter sur toute la population arménienne de l'Empire les méfaits des prêtres et des perturbateurs.

Aujourd'hui les malentendus sont dissipés. Il faut mettre en garde nos concitoyens arméniens contre les ferments de division que le panslavisme essaie de nouveau de semer dans l'Empire afin de fausser l'esprit de notre Constitution. La cohésion de tous les Osmanlis, cette pierre angulaire du régime nouveau, voilà ce que redoutent les dirigeants du panslavisme. Dans le silence des cabinets de travail, les diplomates de la vieille école moscovite combinent, échafaudent des mises en scène où l'Arménie est au premier plan. La Russie entretient des provocateurs chez nous. Elle les recrute principalement parmi les prêtres mitrés et les marguilliers. La silhouette des agents à sa solde émerge même dans les colonnes de certains journaux arméniens. Souhaitons que les Arméniens reconnaissent leurs vrais ennemis, ceux qui, tout en les méprisant, se servent d'eux pour une habile diversion. Puissent-ils ne plus se laisser prendre aux mirages de la restauration des Lusignan, de l'autonomie, de la décentralisation fédéraliste ou de la prépondérance de leurs patriarches. Tous ces programmes d'importation étrangère ne sont faits que pour les leurrer, pour leur aliéner la population musulmane, avec laquelle, pendant des siècles, ils ont vécu en paix.

Un autre élément de discorde que je ne cesse de révéler à mes contemporains, c'est l'ultramontanisme. Les agents de ce système politico-religieux, ce sont les Charmetant, les Mazoyer, les jésuites, les lazaristes. Pendant les sombres années de la tyrannie yildizienne, les agents du pape avaient trouvé moyen de se rallier contre les Turcs avec les penseurs libres. Ceux-ci sont revenus de leur erreur. Ils se sont enfin aperçus que les musulmans de l'Empire ottoman ont été méconnus, calomniés, qu'on avait confondu les bandes stipendiées du régime yildizien avec la population turque. Les voilà donc, nos bons cléricaux à soutane, seuls à manger du musulman. Les journaux papistes sont aux abois, à la recherche de quelque mêlée sanglante en Asie Mineure, pour réveiller la turcophobie chez les chrétiens d'Occident. Réussiront-ils dans leurs menées ? Parviendront-ils à contaminer les Arméniens ? Ils espèrent, ils comptent pour cela sur la levée du siège et le déchaînement des appétits à Stamboul. C'est donc aux gouvernants de veiller. *Caveant consules !*

Le chef des missions catholiques, M. P. Mazoyer, répand des libelles où il outrage les musulmans ;

le Père F. Charmetant, qui se délassait ces temps-ci en revendant à l'encan les curiosités orientales, acquises dans ses randonnées chez les musulmans, lève déjà la plume ; il va nous reparler de cadavres, de tripes et de cervelles. Mais c'est en vain ; la population arménienne est lasse du rôle qu'on lui a fait jouer. Elle a reconnu que hamidiens, lanceurs de bombes et philanthropes papistes se valaient. En effet, sous le fallacieux prétexte de protéger les Arméniens contre les massacres, les prêtres romains les contraignaient à embrasser le catholicisme. Or, les Arméniens convertis de la sorte, et ils sont nombreux, apprennent dans les écoles et les églises à mépriser leurs frères orthodoxes. La langue arménienne elle-même ne trouve pas grâce. Les prêtres du pape la proscrivent non seulement des écoles, mais encore de la conversation. C'est un péché mortel de parler l'arménien, cette langue maudite qu'il faut oublier.

Au reste, j'ai sous les yeux la brochure intitulée : *Les Massacres d'Adama et nos Missionnaires*, 1909. Cet ouvrage a été rédigé par les jésuites (voir chap. VII, p. 108). Je recommande cet écrit au lecteur qui désirerait les preuves de mes affirmations. Voici quelques courts extraits :

Va, disait une musulmane à son fils de douze à treize ans, prends ce couteau et fasse Allah qu'il soit bien tranchant contre les chrétiens.

Premiers massacres, 14-17 avril. L'évêque schismatique, — arménien orthodoxe, — abandonna subitement la ville et son troupeau.

17-25 avril. Innombrables étaient les blessés. A la résidence des Pères, ils gisent par terre sur des couvertures ou des sacs... Le premier est un jeune Arménien catholique de quinze à seize ans. Il a le bras gauche percé d'une balle ; l'os est à nu, les nerfs pendent.

Comment faites-vous, nous demandait un médecin protestant, pour être si joyeux à l'heure de la mort ?

Inutile de citer toutes les inepties de cette brochure. A chaque ligne les signataires laissent percer la haine et le sectarisme contre tout ce qui n'est pas ultramontain.

*
* *

Depuis la chute d'Abdul-Hamid, malgré ma profonde aversion pour le pouvoir occulte du Comité *Union et Progrès*, je me suis tu, je l'ai même soutenu, dans l'espoir que le patriotisme de certains de ses membres réagirait, réformerait cette manière mystérieuse de gouverner du Comité. Et, enfin, qu'on ferait une épuration des éléments mauvais de l'*Union et Progrès*. C'était de ma part un espoir chimérique. Les congrégations religieuses étrangères sont perturbatrices, dangereuses pour la Turquie, c'est vrai, mais les associations secrètes athées et maçonniques le sont encore plus.

*
* *

Depuis la chute d'Abdul-Hamid, le Comité *Union et Progrès*, qui compte aujourd'hui en chiffres ronds 400.000 membres, a pris une telle importance dans le pays qu'il serait nécessaire d'expliquer le rôle intime de cette organisation.

L'*Union et Progrès* comprend un groupe directeur secret dont les membres sont divisés ainsi : quelques notabilités maçonniques athées étrangères, anonymes, et une trentaine d'Ottomans connus, surnommés les pontifes. Ce sont ceux-là qui gouvernent l'Empire ottoman. Ils font et défont les ministères, imposent leurs volontés aux sénateurs, aux députés, à la presse, au haut clergé musulman de Constantinople et au sultan lui-même. Après ces maîtres tout-puissants, il y a un groupe de membres influents, environ 300, qui s'inspirent du groupe secret et ont pour tâche d'adapter, de nationaliser les décisions suprêmes aux mentalités de l'innombrable armée. Il serait injuste de rabaisser le caractère de ces derniers. Ils croient faire œuvre de salut public. Régénérer l'Empire avec le concours de tous, voilà leur but. Les moyens pour arriver à ce résultat, ils les demandent au groupe secret dans lequel ils ont une confiance aveugle. Ainsi, ils ont fait de la Constitution une ridicule fiction pour le souverain, les ministres et les représentants de la nation. Je ne parle pas du peuple. Il ne comprend rien à la Constitution. Pour lui, l'Empire a été constitué depuis le XIVe siècle avec le célèbre Osman. Et, en cela, le gros bons sens populaire a peut-être raison. Mais passons.

Nous trouvons ensuite une dizaine de mille membres de l'*Union et Progrès*, comme chefs, sous-chefs, secrétaires des clubs et comités locaux dans les provinces. Ceux-là, loyalement patriotes, sans se douter de rien, innocemment, propagent les idées d'en haut, surtout parmi les prêtres et les hodjas.

Puis, il y a l'innombrable armée de ceux qui cherchent dans le Comité un titre qui puisse les mettre à l'abri de la suspicion. Ils payent leurs cotisations, un point c'est tout. On ne peut compter sur eux que pour grossir les chiffres.

Enfin, il y a les arrivistes effrénés, les mouchards, les ambitieux sans vergogne, les ratés ; êtres vils et dégradants, insolents avec les faibles, obséquieux avec les forts, en un mot bons à toutes les tristes besognes. Ils écoutent aux portes, ils espionnent les soldats, ils tracassent les femmes. Ils écrivent des rapports secrets qu'ils remettent aux chefs des comités locaux. Ces rapports, après une contre-enquête souvent illusoire, sont transmis au Comité central, à Salonique. Les victimes alors, sans aucune forme de procès, sont mises en prison ou jetées sur le pavé sans ressources. Ainsi, pendant le second semestre de l'année écoulée, dix-sept mille huit cents rapports secrets sur la vie privée de bons et excellents citoyens ont été pris en considération par le Comité.

Vivre au grand jour ! Nous sommes loin de cette formule, si chère jadis aux positivistes du Comité. On gouverne aujourd'hui par des procédés occultes et, pour sanctionner les lettres de cachet, de l'*Union et Progrès*, on a installé, au ministère de la Justice, le célèbre Nédjméddine Mollah, l'ennemi notoire des Jeunes-Turcs sous l'ancien régime. Pourquoi cette énormité ? Enigme et mystère !

Un autre scandale, non moins répugnant, c'est le placement de fonds considérables à l'étranger par le Comité lui-même. Pourquoi ces placements à l'étranger ? Puis une question subséquente : où se trouve l'argent enlevé à l'ex-sultan Abdul-Hamid ? Vainement nous avons cherché la mention de ces sommes dans le budget.

* * *

L'*Union et Progrès* n'a plus sa raison d'être. Constitué pour renverser le régime yildizien, il a rendu des services, lorsque les officiers qui contrôlaient les agissements des révolutionnaires pouvaient parler haut et froncer les sourcils devant les profiteurs. Les militaires dignes de porter l'épaulette ont renoncé à la politique. Ils se sont aperçus qu'il n'y a plus aucun danger de restauration hamidienne, et, dès lors, ils ont considéré qu'il serait dangereux pour la discipline de faire partie plus longtemps d'une société secrète. Ils ont même exprimé leur mécontentement envers le Comité lorsque l'un des pontifes de l'*Union et Progrès*, M. Husséin Djahid, *habitué de maisons mal famées sous l'ancien régime* (cette épithète lui a été publiquement donnée, dans le journal *Le Sabah*, par Eumer Yaver pacha, commandant du Ier corps d'armée) a voulu insulter les officiers qui se sont conformés dans les dernières fêtes à la cérémonie du baise-main. Cette cérémonie consiste en ce que les hauts dignitaires de l'Empire défilent devant le sultan et baisent une écharpe étendue sur le bras du fauteuil impérial. Au nom de ses compagnons d'armes, le général Eumer Yaver pacha, chef d'armée de mérite, a défendu aux pontifes du Comité d'abuser de la mansuétude de l'armée et les a sommés de respecter le sultan constitutionnel Mehmed V et les traditions séculaires dans la Maison d'Osman. Depuis donc que les officiers disciplinés ont quitté l'*Union et Progrès*, celui-ci ne vit plus que sous la pression des intrigants, des jouisseurs et des fédaïs ou oblats, euphémisme sous lequel on cache les assassins et les maîtres chanteurs. Dans cette caverne ce sont les inférieurs qui imposent insolemment leurs volontés aux supérieurs. Le Comité n'est plus une organisation propre à rendre certains services, c'est, au contraire, le modèle de l'anarchie et du désordre. L'épuration que je caressais est irréalisable. Le directeur du journal *Mèchroutiète*, de Paris, le général jeune-turc Chérif pacha, venu en Europe pour défendre par la plume sa patrie menacée par le Comité, m'a accordé un long entretien. Il m'a prouvé par des documents, par sa loyauté et son franc-parler que, pour le salut de l'Empire ottoman, la dissolution du Comité s'impose.

Voici trois lettres que Chérif pacha m'a autorisé à reproduire. Je les ai choisies dans les nombreux documents que cet excellent patriote possède. Ce sont trois missives adressées à Chérif pacha par M. Ahmed Riza, l'un des trente pontifes de l'*Union et Progrès* auxquels sont confiées les destinées suprêmes de l'Empire. M. Ahmed Riza, aujourd'hui pontife de l'*Union et Progrès* et président de la Chambre des députés ottomane, écrivait de Paris, où il vivait avec aisance sous Abdul-Hamid :

Place Monge,
Paris, le 20 juillet 113 (1).

A mon excellent ami,

J'ai cru vous rendre un service en arrachant de la main de Mahmoud pacha vos deux lettres qui compro-

1. M. Ahmed Riza, qui s'arroge avec impudence le titre de comtiste, s'est servi ici de l'ère établie par Comte. Cette ère commence l'année 1789.

mettent passablement votre situation. Ces papiers sont maintenant dans mon tiroir, je ne les donnerai à personne.

Je me suis emparé des deux lettres que vous lui avez adressées, pour ne pas les laisser traîner sur sa table, devant les yeux de tout le monde.

Si vous craignez une perquisition chez moi, je les lui remettrai de nouveau pour me dégager de toute responsabilité.

Il y a ici des gens curieux qui désirent savoir dans quel état se trouvent nos relations. J'ai ouï dire même que l'un d'eux a chargé le Dr Véli de se renseigner auprès de son frère. Il serait prudent, je crois, de ne pas en parler.

Très cordialement à vous.

AHMED RIZA

Place Monge.
Paris le 20 Juillet 118

A mon excellent ami

J'ai cru vous rendre un service en arrachant de la main de Mahmoud Pacha vos deux lettres qui compromettaient passablement votre situation. Ces papiers sont maintenant dans mon tiroir, je ne les donnerai à personne.

Je me suis emparé des deux lettres que vous lui avez adressées pour ne pas les laisser traîner sur sa table devant les yeux de tout le monde.

. Si vous craignez d'une perquisition chez moi, je les lui remettrai de nouveau pour me dégager de toute responsabilité.

Il y a eu des gens curieux qui désirent savoir dans quel état se trouvent nos relations, j'ai ouï dire même que l'un d'eux a chargé le Dr Vali de se renseigner auprès de son frère. Il serait prudent je crois de ne pas en parler

Bien cordialement à vous

Ahmed Riza

Il s'agit ici de Damad Mahmoud pacha, père du prince Sabaheddine. Ahmed Riza, avant de lui voler les deux lettres qu'il avoue avoir dérobées, écrivait sur cet excellent patriote :

> Nous considérons cet acte courageux (la fuite de Constantinople) de Mahmoud pacha comme un événement des plus heureux, non seulement pour le parti de la Jeune-Turquie, mais pour le peuple tout entier ; il trouvera un écho dans le cœur de tous ceux qui ont juré de servir la cause sacrée de la patrie.
>
> (*Mechveret* du 1er janvier 1900.)

Paris, le 24 octobre 1901.

Lorsque Mahmoud pacha s'aperçut du vol, et qu'il eut la preuve d'avoir été volé par celui qu'il entretenait de ses deniers, et qui est actuellement président de la Chambre des députés ottomane, il voulut immédiatement porter plainte. Les supplications et les larmes d'une noble femme fléchirent la légitime indignation de Mahmoud pacha. Sans le concours de cette généreuse musulmane, Ahmed Riza aurait connu et le régime des prisons françaises et le système anthropométrique de M. Bertillon.

Paris, le 24 octobre 1901.

Vous me demandez ce que coûtera la publication du *Mechveret* turc. Nous avons déjà fait ce calcul ensemble, il y a quelques mois. A ce moment, vous envoyiez 100 francs à Genève et 200 francs à Paris. Votre cotisation ajoutée à celle de Rome et de Londres me semblait suffisante. Nos dépenses ont doublé depuis ce temps ; la lâcheté de la poste française m'oblige maintenant d'expédier une centaine de numéros sous forme de lettre fermée, et d'envoyer aussi un certain nombre de paquets par la voie de Londres ; nos revenus, au contraire, sont réduits à moitié, la personne de Londres est morte, Rome a perdu un de ses souscripteurs importants.

C'est vraiment triste que de faire une campagne politique dans ces conditions misérables. Vous connaissez mes susceptibilités pour toutes les questions d'argent ; je ne me suis jamais adressé à qui que ce soit pour en demander ; mais je n'en pense pas moins que ce n'est pas bien glorieux de la part de mes compatriotes riches, qui jettent, les yeux fermés, des vingtaines de mille francs pour acheter des objets de luxe absolument inutiles et qui y regardent à deux fois lorsqu'il s'agit d'une souscription patriotique.

Si vos devoirs privés et publics, dont vous me parlez, vous empêchent de nous aider plus efficacement, ne voudriez-vous pas écrire au Caire, où vous avez tant d'amis et de parents, et demander à ces princes et beys d'assurer, d'une façon sérieuse, la publication du journal.

En attendant votre décision patriotique, je vous avais écrit d'envoyer au Comité 200 francs, sachant que vous pouvez le faire sans vous gêner et sans vous compromettre. Vous ne m'avez pas répondu à ce sujet. J'attends donc vos réponses de trois mois, car en ce moment le Comité a vivement besoin d'un coup d'épaule.

Au moment où je suis, de nouveau, délaissé par mes camarades de lutte, un souhait sincère, plein de cordialité et de délicatesse, venant de loin et adressé par un ami de longue date, me va au cœur et m'est un doux réconfort. Merci.

Le prince Abbas Hilmi m'a invité l'autre jour chez lui. J'ai trouvé au rendez-vous le frère du khédive et je ne crois pas que cette rencontre soit due au hasard. Tous les deux m'ont exprimé des paroles très sympathiques, mais c'est tout. Personne ne s'inquiète des moyens de subsistance du *Mechveret*, personne ne demande de quoi vit son rédacteur. Je m'adresse, dès maintenant, à votre concours pour les frais de cette publication que nous ferons à Bruxelles.

Les Egyptiens ne m'ont rien laissé cette année, seule une princesse m'a envoyé un abonnement de cent francs. Ils ont été probablement influencés par le prince Husséin pacha. Ce prince riche et indépendant a été invité, m'a-t-on dit, deux fois par le gouvernement français à se tenir tranquille et surtout à ne pas se servir de son chiffre avec le sultan s'il tient à ne pas être expulsé d'ici.

J'ai appris que quelques grands personnages venant d'Égypte iront cette année en Suède. Si vous avez parmi eux des amis de confiance je vous prierai de les engager à nous aider.

Je vous remercie beaucoup pour les journaux et pour les cent francs que je reçois tous les mois.

Je vous envoie, cher ami, mille choses affectueuses et une bonne poignée de main.

AHMED RIZA

Paris le 26 Octobre [illegible]

Vous me demandez ce que coûtera la publication du Mechveret turc. Nous avons déjà fait ce calcul ensemble, il y a quelques mois. A ce moment vous envoyiez cent francs à Genève et deux cent fr. à Paris. Votre cotisation ajoutée à celle de Rome et de Londres me semblait suffisante. Nos dépenses ont doublé depuis ce temps; la lâcheté de la poste française m'oblige maintenant d'expédier une centaine de numéros sous forme de lettres fermées, et d'envoyer aussi un certain nombre de paquets par la voie de Londres ; nos revenus, au contraire, sont réduits à moitié. La personne de Londres est morte ; Rome a perdu un de ses souscripteurs importants.

C'est vraiment triste que de faire une campagne politique dans ces conditions misérables. Vous connaissez ma susceptibilité pour toutes les questions d'argent ; je ne me suis jamais adressé à qui que ce soit pour en demander ; mais je n'en pense pas moins que ce n'est pas bien glorieux.

de la part de nos compatriotes riches, qui jettent, les yeux fermés, des vingtaines de mille francs pour acheter des objets de luxe absolument inutiles et qui y regardent par deux fois lorsqu'il s'agit d'une souscription patriotique.

Si vos devoirs privés et publics, dont vous me parlez, vous empêchent de nous aider plus efficacement, ne voudriez vous pas écrire au Caire, où vous avez tant d'amis et de parents, et demander à ces princes et beys d'assurer d'une façon sérieuse la publication du journal.

En attendant votre décision patriotique, je vous avais écrit d'envoyer au Comité deux cent francs, sachant que vous pouvez le faire sans vous gêner et sans vous compromettre. Vous ne m'avez pas répondu à ce sujet. J'attends donc vos réponses de trois mois, car en ce moment le Comité a davantage besoin d'un coup d'épaule.

Au moment où je suis, de nouveau, délaissé par mes camarades de lutte, un souhait sincère, plein de cordialité et de délicatesse, venant de loin et adressé par un ami de longue date, me va au cœur et m'est un doux réconfort. Merci

Le Prince Abbas Halim m'a invité l'autre jour chez lui. J'ai trouvé au rendez-vous le frère du Khédive et je ne crois pas que cette rencontre soit due au hasard. Tous les deux m'ont exprimé des paroles très sympathiques, mais c'est tout. Personne ne s'inquiète des moyens de subsistance du Mechveret, personne ne demande de quoi vit son rédacteur. Je m'adresse, dès maintenant, à votre concours pour les frais de cette publication que nous ferons à Bruxelles.

Les Egyptiens ne m'ont rien laissé cette année. Seule une princesse m'a envoyé un abonnement de cent francs. Ils ont été probablement influencés par le prince Hussein Pacha. Ce Prince riche et indépendant a été invité, m'a-t-on dit, deux fois par le gouvernement français à se tenir tranquille et surtout à ne pas se servir de son chiffre contre le Sultan, s'il tient à ne pas être expulsé d'ici.

+ J'ai appris que quelques grands personnages venant d'Egypte iront cette année en Suède. Si vous avez parmi eux des amis de confiance je vous prierai de les engager à nous aider

Je vous remercie beaucoup pour les journaux et pour les cent francs que je reçois tous les mois.

Je vous envoie, cher ami, mille choses affectueuses et une bonne poignée de mains.

Ahmed Riza

Enfin voici la lettre où M. Ahmed Riza avoue lui-même, au général Chérif pacha, qu'il n'a jamais connu le Comité, c'est-à-dire le groupe de Salonique qui fit réellement la Révolution, en imposant à Abdul-Hamid, le 24 juillet 1908, le rétablissement de la Constitution Midhat. Ce n'est en effet que plus tard, à Constantinople, qu'on initia M. Ahmed Riza aux secrets de la loge maçonnique *Union et Progrès* et à la politique de la désislamisation de la Turquie.

10 septembre 1908.

Mon cher ami,

J'ai reçu votre lettre du 3 septembre et je vous suis très reconnaissant de vos bonnes paroles. Si vous venez le 28 courant à Makrikeuy vous me trouverez près de ma mère. Et vous me ferez savoir par quel chemin vous viendrez. Ne me demandez pas! j'ai toujours détesté les réclames et les applaudissements. Le dégoût me vient quand j'entends que la population fait des ovations à un tas de charlatans. A Constantinople, j'ai fait savoir beaucoup de choses au Comité par le Dr Bahaeddine bey, mais je n'ai pas encore reçu de réponse. Le Comité ne m'a pas fait savoir encore ni son adresse ni de quels personnages il est composé. J'ai des affaires sérieuses à soumettre au Comité. Si un papier (une convocation) était venu, cela m'aurait fait plus de joie que les applaudissements de la foule.

Mon frère

AHMED RIZA

TEXTE TURC

[illegible]

محب عزیزم افندم

[illegible]

Toutes ces lettres sont écrites entièrement et signées de la main de M. Ahmed Riza et naturellement les originaux sont en notre possession. Les deux premières missives sont écrites en français, la dernière en turc. Nous avons traduit littéralement cette lettre pour faire mieux saisir toute sa portée.

Je souhaite que les autres documents, détenus par le directeur du *Mèchroutiète* et ses amis, servent prochainement à la dissolution légale du Comité et à la mise en accusation du groupe des trente de l'*Union et Progrès*.

J'ai combattu cette faction tyrannique dès la proclamation de la Constitution. C'est pendant les journées d'avril que j'ai cru, comme beaucoup de mes compatriotes, que le Comité pouvait être d'une certaine utilité. Or, nous possédons des preuves irréfutables que les journées sanglantes d'avril ont été la conséquence des outrages que des membres du Comité ont porté à la foi, aux sentiments religieux des soldats et des mollahs. Personne, au reste, n'a demandé dans ces journées fatales, le rétablissement de l'ancien régime. Les favoris d'Abdul-Hamid et quelques sectaires l'ont constaté avec amertume, car il leur aurait été très facile de rétablir le pouvoir absolu, si réellement ils avaient pu compter sur l'armée.

Voilà la vérité. Pourquoi le Comité *Union et Progrès* l'a-t-il dissimulée? Pour détenir le pouvoir et gouverner sans responsabilité et sans contrôle. Telle est la situation. Qu'y faire ? C'est bien simple. Il faut demander le rétablissement intégral de la Constitution. Les garanties constitutionnelles, desquelles nous sommes privés depuis un an, peuvent encore sauver le pays. Les leçons des journées d'avril ont été salutaires pour tous. Les libéraux dénommés ahrariens se sont aperçus de leurs fautes. Ils ont effacé de leur programme la décentralisation fédéraliste. Le prince Sabaheddine, sincèrement, a reconnu son erreur. Il a dégagé le poids de son nom des partisans de l'autonomisme. Les Arméniens pondérés de même. Le général Chérif pacha vient aussi d'épurer de son parti les éléments perturbateurs. A Paris, cet ancien Saint-Cyrien, ami de la France, reste seul à porter haut le drapeau des véritables progressistes. Son but, son programme désormais, c'est le rétablissement des garanties constitutionnelles. Tous les bons patriotes ne peuvent que s'y rallier.

* * *

Ou le Comité *Union et Progrès* est une société secrète gouvernant sans responsabilité, ou bien c'est une association légale. Si c'est une société secrète, elle viole les lois, elle est anticonstitutionnelle, factieuse ; si c'est une association normale, la presse, le Parlement, la nation ont le droit et le devoir de contrôler ses actes, de critiquer ses agissements.

Admettons par impossible la seconde supposition. Pourquoi alors est-il permis de faire des éloges au Comité, et défendu de juger ses actes sans tomber sous les rigueurs des lois de l'état de siège ? Pourquoi le maréchal Mahmoud Chevket pacha commandant de l'armée d'occupation, — car, il ne faut pas l'oublier, Constantinople est occupée militairement et gouvernée par la loi martiale depuis le 24 avril 1908,—qui a interdit aux militaires en activité de faire partie du Comité *Union et Progrès* laisse ses subordonnés dans le Comité. *Le Temps* de Paris, lui-même, qui n'est pas hostile au Comité va confirmer mes affirmations :

Le Comité *Union et Progrès:* Le parti auquel appartiennent aujourd'hui les chefs de la politique turque est celui de l'*Union et Progrès*. Au début du mois de novembre, le bruit courait, à la suite de l'incident du *Tanine*, que le Comité était très affaibli, que les officiers non seulement s'en séparaient conformément aux ordres du maréchal Mahmoud Chevket pacha, mais lui étaient devenus hostiles et qu'on allait assister à sa fin. Je n'ai pas manqué, au cours de mon voyage, de me renseigner, avec un soin particulier, sur ce point et je dois tout de suite dire que j'ai constaté partout l'existence de *Union et Progrès*, son lien étroit avec l'élément militaire, son efficacité et sa toute-puissance.

. . . .

. . . .

Comme présidents, j'ai connu des directeurs de l'Instruction publique, des douanes, d'écoles secondaires, un hodja, et même un commandant-major. Car les prescriptions de Mahmoud Chevket pacha, qui ont fait tant de bruit et dont on tirait des conclusions si fâcheuses pour le Comité, en certains endroits, ne sont pas suivies du tout, et, en d'autres, ne sont appliquées qu'en apparence. A un dîner que les principaux membres d'un club me faisaient l'honneur de donner à l'occasion de mon passage, j'étais assis près du gouverneur militaire de la ville. Ailleurs, à une réunion qui avait lieu au bénéfice d'une œuvre charitable, le discours fut prononcé, au nom du club, par un jeune capitaine, et, au premier rang, le vali, un général, donnait le signal des applaudissements.

. . . .

Cette solidarité étroite entre le gouvernement et *Union et Progrès* a de graves inconvénients. De ce fait, notamment, les valis et les gouvernements sont annihilés et placés en quelque sorte sous la tutelle de leurs subordonnés. Il est tels de ces hauts fonctionnaires qui n'ont été destitués que pour n'avoir pas voulu prendre l'engagement de suivre les instructions du Comité et tels autres qui n'ont dû leur nomination qu'à cette soumission. Il est arrivé aux clubs d'abuser à cet égard de leur toute-puissance et c'est ce qui a causé, en beaucoup de vilayets, des changements incessants de titulaires qui ont été très préjudiciables à l'administration générale.

(*Le Temps* des 12 et 15 février 1910.)

Le Temps ne sait pas peut-être que Mahmoud Chevket pacha sur qui nous comptions pour délivrer la Turquie de la loge *Union et Progrès* en fait partie aussi, depuis le dépouillement des rapports d'espionnage trouvés à Yildiz. Car Abdul-Hamid ne détruisait jamais les rapports de ses délateurs. Il les classait soigneusement.

Donc, régime des petits papiers! Ainsi quelle différence y a-t-il entre les procédés de la camarilla du sultan déchu et le Comité *Union et Progrès ?* Aucune, sauf l'hypocrisie des francs-maçons du Comité, qui se couvrent d'apparences constitutionnelles, qui ne dupent personne. Heureusement pour la Turquie, il y a encore des officiers qui n'ont jamais franchi, le bandeau aux yeux, les salles des clubs *Union et Progrès* pour jurer sur un revolver :

> De ne jamais trahir le Comité et de tuer sur l'ordre du Comité les membres qui le trahissent et qui ont pris pour tâche de faire obstacle aux desseins sacrés du Comité.
>
> (Formule de serment de la loge *Union et Progrès*.)

Le sultan Mehmed V qui, pour la Turquie, doit être le gardien de la Constitution, l'arbitre des Osmanlis, a été abaissé par l'*Union et Progrès* au dernier rang. Les francs-maçons, entre eux, l'ont surnommé Mehmed l'idiot. Le malheureux n'a même pas le droit de renvoyer un domestique. Et malgré la volonté des membres du Comité d'annihiler le souverain constitutionnel, de le réduire au rang d'un rajah en déconfiture, les grandes puissances, plus logiques et meilleurs défenseurs de nos propres intérêts, s'obstinent à ne traiter officiellement qu'au nom du sultan. Elles savent pertinemment que l'anarchie actuelle est une transition éphémère, qu'aucune garantie ne peut être donnée par une faction tyrannique qui n'a point d'assise dans le pays.

En effet, les pontifes du Comité sont campés en Turquie, ils restent en violation des droits de l'homme dont ils se réclament effrontément, et, en violation des principes élémentaires du droit public. Non contents de déchirer la charte, ils ont désorganisé la seule force de l'Empire, celle que le hamidisme lui-même n'avait pas osé contaminer, l'armée. Dans l'éventualité d'une guerre, nous sommes aujourd'hui incapables de concentrer nos troupes d'Asie. L'indiscipline est en permanence dans nos casernes. Les officiers subalternes dictent des ordres aux officiers supérieurs; les soldats inquiets, troublés, restent à la merci de gens qui ne les valent pas.

Pauvre Jeune-Turquie ! Et que j'avais raison de dire à M. Ahmed Riza, il y a six ans, dans l'*Européen*, revue de M. Bjornson et de M. Seignobos :

> Je suis Turc révolutionnaire ; nos groupements ne veulent pas seulement renverser le tyran, mais la tyrannie. Nous sommes pour l'action révolutionnaire. C'est la politique des résultats que nous voulons. Nos cadavres serviront de marchepied aux Turcs arrivistes, mais au moins l'idée de justice et de morale aura fait un pas. Je lutte depuis 1892 pour mon idéal ; j'ai tout sacrifié sauf l'honneur.

O francs-maçons de Turquie ! vous avez réussi à nous donner le change. Nous avons cru que malgré vos tares vous rendriez quelques services d'utilité publique. Vous nous parliez de votre civisme, de l'horreur que vous inspiraient les privilèges ecclésiastiques, le droit d'exterritorialité pour les étrangers. Or, lorsque vous avez fait assassiner par vos sicaires le publiciste jeune-turc

Hassan Fehmi, vous vous êtes réfugiés chez des étrangers.

Hassan Fehmi, qui se signalait par son énergie et son courage parmi les journalistes d'opposition, fut tué d'une balle de revolver sur le pont de Karakeuy. Tout ce qu'on peut dire à ce sujet, c'est qu'il est fort regrettable qu'on n'ait pas encore découvert et arrêté le coupable. Celui-ci, que l'on connaît, se promène librement à Constantinople.

(*Revue des Revues*. Paris, 1er février 1910.)

M. Husséin Djahid, le directeur de votre journal officiel, *Le Tanine*, qui se compare à l'immortel Danton est allé se cacher à l'ambassade de Russie. Abrité derrière le drapeau qui flotta sur Plevna, il poussa l'audace jusqu'à publier sa prose à l'ambassade même, sous la protection de ceux qui ont voulu imposer à la Turquie le traité de San Stéfano. Ne vous arrogez donc ni du titre de dantoniens, ni de celui de robespierristes. Vous êtes des pitres. Quatre hommes et un caporal suffiront pour vous expulser de vos fiefs et le rétablissement de la Constitution pour vous éloigner à jamais de la Jeune-Turquie que vous déshonorez. Vous pourrez alors vous retirer à l'étranger et vous repaître à l'aise des millions extorqués au peuple et au sultan déchu.

*
* *

Je renonce désormais à demander la suppression des privilèges religieux des communautés non-musulmanes, parce que les musulmans eux-mêmes ne peuvent supprimer les privilèges des ulémas sans détruire tout l'édifice social de l'Empire, parce que les privilèges des uns et des autres sont le seul contrepoids indispensable à l'athéisme tyrannique de la loge *Union et Progrès* et à l'esprit de destruction de ses pontifes.

Mon vénéré maître, M. Antoine Baumann, celui qui m'a initié à la politique du bon sens, m'avait depuis longtemps conseillé cette voie. Je ne l'ai pas écouté. J'ai voulu faire un nouvel essai avec les opinions courantes, la métaphysique révolutionnaire. La destruction systématique pour le plaisir de détruire. Nous n'avons pas l'audace des dantoniens, ayons donc la sagesse des comtistes. Conservons nos institutions, améliorons-les avec le concours du sultan-calife, contentons-nous d'une Chambre qui vote le budget, d'un Sénat gardien de la charte, de la liberté d'écrire avec décence et de parler avec modération. Toute dérogation à ces principes est nuisible à la Turquie. Celle-ci succombera plus vite sous le règne de la logomachie de nos métaphysiciens qu'elle n'a succombé sous l'absolutisme d'Abdul-Hamid.

L'autorité des ulémas ne peut porter aucune

entrave à l'évolution ottomane. Au contraire, elle sera plus solidement établie avec leur appui, les résultats seront plus appréciables, le peuple respectera mieux les innovations sanctionnées par eux librement. Il ne faut pas dissimuler la situation de l'Empire. Le parlementarisme intégral, c'est-à-dire la concentration du pouvoir dans la Chambre des députés, est absurde et incompatible avec la loi musulmane, elle s'y oppose même catégoriquement. Des chefs militaires qui, baïonnette au canon, veillent sur la Turquie depuis la chute d'Abdul-Hamid l'ont si bien compris qu'ils se résignent à supporter l'intolérance et les méfaits d'une loge maçonnique facile à abattre, par crainte de l'instauration d'un parlementarisme qui aurait vite fait d'absorber l'élément turc et de dissoudre l'Empire.

Avouons-le franchement. Le mahométisme est un code religieux, politique et social. La doctrine est tirée de quatre sources : le Coran, le Sunnet, l'Ydjmaï-umet et les Kiassi-foukaha. Pour donner une définition exacte de ces sources, il est préférable de les comparer à la doctrine catholique.

Le Coran, c'est la Parole de Dieu. Le Sunnet correspond aux Actes et aux Epîtres des Apôtres de Jésus ; l'Ydjmaï-umet aux interprétations des théologiens du Ier siècle de l'Église. Les Kias équivalent au raisonnement par analogie sur les interprétations des grands docteurs dans l'ensemble de la doctrine.

Ces docteurs sont : Imam Azam, Imam Hambéli, Imam Maléki, Imam Chafiy. L'autorité de ces théologiens est pour l'islamisme ce qu'est pour le catholicisme l'autorité de saint Jérôme, saint Ambroise, saint Augustin et saint Grégoire le Grand.

L'autorité d'un seul de ces grands docteurs suffit pour faire adopter en Turquie une innovation. Implicitement contenue dans les œuvres d'un seul des susdits théologiens, cette interprétation légalise, dans la vie privée comme dans la vie publique, les idées les plus modernes, même si elles sont en contradiction avec les autres. C'est ainsi que les nombreuses réformes accomplies depuis Sélim III jusqu'à nos jours n'ont pu être adoptées qu'avec l'autorité des quatre célèbres docteurs et la sanction du représentant du prophète, c'est-à-dire le sultan.

Voilà, sans ambiguïté, les fondements sur lesquels est bâti le pouvoir en Turquie. Il faut s'y conformer ou détruire l'islamisme en y substituant la souveraineté nationale, c'est-à-dire accorder le pouvoir législatif souverainement à des représentants laïques musulmans et non-musulmans, qui, canoniquement parlant, n'ont aucune autorité pour légiférer indépendamment l'Islam.

Inutile donc de bercer d'illusions, de fictions l'opinion publique européenne, et en même temps il serait dangereux d'éterniser cette fausse situation vis-à-vis de laquelle nous avons placé le pays. Non seulement nos gouvernants mécontentent les musulmans qui crient à la violation du Chériat, c'est-à-dire la loi religieuse, mais ils mécontentent aussi les Grecs et les Arméniens qui, se fiant aux promesses de l'*Union et Progrès*, réclament les droits de souveraineté que comporte le régime parlementaire.

Souveraineté nationale, régime parlementaire, c'est-à-dire le choix des supérieurs par les inférieurs! Inventions malfaisantes qui auront vite fait, si elles étaient acclimatées en Turquie, de détruire tous les bons sentiments des braves Osmanlis.

CHAPITRE X

AVRIL-JUIN 1910

L'histoire des journées d'avril de l'autre année. — Le rôle du Comité dans ces événements. — Documents. — La journée du 13 : les insurgés demandent l'application de la charte. — Les sergents Hamdi et Hazim. — L'ordre et la vie normale rétablis à Constantinople. — Le Comité réfugié à Salonique. — Il groupe tous les révolutionnaires. — Il provoque des massacres en Cilicie. — Documents sur les troubles d'Adana. — Marche des comitadjis sur Constantinople. — Echange de correspondance entre Yildiz et Chevket pacha, commandant en chef des troupes du Comité. — Attaque de Yildiz par les comitadjis. — Héroïque défense des soldats loyalistes. — Atrocités des assaillants. — Chasse aux musulmans dans les rues de Stamboul. — Déposition d'Abdul-Hamid. — Avènement de Mehmed V. — Etat de siège et pendaisons. — Absolutisme des beys du Comité. — Hussein Hilmi et Hakki pachas. — Réflexions. — Mœurs parlementaires. — Abdul-Hamid et la charte Midhat. — Desiderata des soi-disant réactionnaires. — Corruption, favoritisme, imposture.

Après un an de patientes recherches, nous sommes en mesure de faire ici l'histoire succincte des fameuses journées d'avril 1909. Nous savons enfin aujourd'hui qu'Abdul-Hamid n'a joué aucun rôle dans l'insurrection et que c'est le Comité *Union et Progrès* lui-même qui provoqua le mouvement pour perdre définitivement celui qui était coupable d'être trop riche et d'avoir sincèrement voulu faire un nouvel essai loyal du constitutionnalisme parlementaire.

*
* *

Le Comité *Union et Progrès*, dès l'accès au grand vizirat de Husséin Hilmi pacha, sous la pression patriotique du pays, avait essayé de s'effacer, de faire une petite place au régime constitutionnel. Ce fut pour lui le coup fatal. Il s'aperçut bien vite, qu'il allait perdre, avec le cours normal d'un gouvernement, tout son prestige et tous ses avantages. Les hautes sphères du Comité se ressaisirent alors. Elles menacèrent, crièrent, mais en vain. Tous les jours le discrédit envahissait le Comité. Le sultan Abdul-Hamid, les débris de l'ancien régime, les constitutionnalistes, les braves gens qui ne veulent ni d'un pouvoir occulte d'en bas, ni d'un despotisme d'en haut, résistaient obstinément à la toute-puissance de la loge *Union et Progrès*. Husséin Hilmi pacha, lui-même ne cachait plus ses sympathies pour les adversaires de l'*Union et Progrès*. Dès lors, les jours du Comité étaient comptés. Il fallait que celui-ci renonçât à toutes les gloires, à tous les succès des premiers mois de la Révolution. C'était trop. Il décida donc de réagir, de briser les forces qui allaient porter le dernier coup à sa puissance.

Dans une réunion secrète tenue à Salonique, les pontifes du Comité décidèrent donc de prendre l'offensive, d'écraser cette coalition patriotique contre leur ambition. Les Arméniens révolutionnaires d'antan, les brigands de Roumélie qui, sous le régime yildizien, mettaient à feu et à sang la Macédoine, les Israélites de Salonique, voilà les soutiens d'Europe. De plus, les Arméniens promirent de faire une diversion en Anatolie pendant que les troupes d'Europe lutteraient contre la capitale. Le but était de renverser Abdul-Hamid, de reprendre le pouvoir avec Mehmed V désarmé, réduit à la merci du Comité. Il ne restait qu'à provoquer l'opposition par un crime. Consciente de sa force, se disait le Comité, l'opposition répondra à un méfait qui viendrait de nous par un soulèvement. Alors nous les dénoncerons comme des réactionnaires désireux de redonner à Abdul-Hamid le pouvoir absolu, et nous ressaisirons le pouvoir à Stamboul avec les troupes gagnées à notre cause. Abdul-Hamid par terre, nous nous emparerons de ses richesses, nous châtierons les plus récalcitrants à notre parti et avec la complicité de quelques chefs militaires, nous établirons un régime de terreur.

Voilà le sens clair de tous les mystérieux pourparlers qui se sont tenus à Londres d'abord, puis à Salonique et à Adana, pendant le mois de février 1909.

Ces projets étaient d'autant plus réalisables,

qu'Abdul-Hamid II à la tête du régime constitutionnel sans le Comité *Union et Progrès*, cela aurait paru à tout monde invraisemblable. On aurait douté de la bonne foi de celui qui incarna pendant plus de trente ans en Turquie le pouvoir absolu. Il fallait donc mettre à exécution ses projets. Le Comité s'y décida définitivement dans une séance tenue, dit-on, à Salonique le 2 avril 1909.

Prudemment, tous les chefs du Comité se préparent d'avance une sûre retraite. Les uns aux ambassades, les autres sur des navires battant pavillon étranger, chez des particuliers européens, à Salonique, à Smyrne, en Bulgarie.

Nous plaçons ici quelques coupures des journaux jeunes-turcs de Stamboul. Ces extraits montrent suffisamment dans quel discrédit était tombée la loge *Union et Progrès* dans la capitale des califes :

Fragment du mémoire de Kiamit pacha, l'ancien grand vizir imposé au sultan Abdul-Hamid par le Comité et renversé par le même Comité le 13 février 1909.

On n'a pas voulu comprendre que l'immixtion du Comité dans les affaires du gouvernement a, plus d'une fois, neutralisé les efforts de ce dernier.

L'intervention dans les affaires du gouvernement des comités formés dans toutes les parties des vilayets ayant affaibli l'influence du pouvoir exécutif et nui à l'ordre public ; en outre, le différend surgi entre les officiers qui sont la force motrice, pour ainsi dire, du Ier, du IIe et du IIIe corps d'armée, — officiers divisés en deux camps, ceux faisant partie du Comité et ceux n'en faisant pas partie, — ayant détruit la discipline militaire ; et d'autre part, il était grand temps que les militaires cessassent de s'occuper de politique. Mais le ministre de la Guerre, Ali Riza pacha, bien qu'il fût animé de principes sains et justes, ne se montra pas moins incapable de faire respecter ses ordres.

Ses communications et instructions ne purent avoir raison de l'influence des officiers appartenant au Comité ; d'autre part, les agissements de militaires qui prononçaient des discours politiques dans les concerts et les meetings et qui figuraient armés dans des manœuvres militaires au théâtre, n'étant pas compatibles avec la discipline, j'ai, en vue de sauvegarder cette discipline compromise et de rétablir l'ordre, procédé, après décision arrêtée, à la nomination au ministère de la Guerre de Nazim pacha.

Tandis que c'était là l'unique moyen du salut, de la patrie et de la nation, le Comité *Union et Progrès*, désireux de maintenir son prestige, mit mes collègues en demeure de démissionner et prépara ma chute en pliant la Chambre des députés à sa volonté.

KIAMIL PACHA
(Le *Stamboul*, 3 avril 1909.)

Du *Yeni-Gazeta* (le *Stamboul*, 5 avril 1909) :

D'un côté le sultan loue, avec un langage tout particulièrement appréciateur, les efforts du Comité *Union et Progrès*. Tandis que de l'autre l'ex-grand vizir prouve par ses arguments que ce même Comité par ses actes allait porter atteinte à la liberté, mettre entrave au bonheur et à la prospérité du pays et élever à la place du despotisme disparu une autre force redoutable et funeste...

Que les programmes et les directeurs du Comité soient bons ou mauvais, le sultan, qui est en même temps le représentant du Prophète, en proclamant son adhésion au Comité aurait commis un acte capable de ternir tout simplement sa dignité et de ruiner son importance.

On se le rappelle cependant, cette adhésion a été annoncée au début de l'ère constitutionnelle et le fait avait grandement surpris le monde islamique et l'Europe entière. Elle est d'ailleurs propre à aliéner au souverain une partie de ses sujets qui appartiennent dès maintenant à d'autres partis ou peuvent appartenir à des partis futurs et à lui susciter dans la nation un courant défavorable, ce que nous sommes loin de souhaiter.

Si d'un autre côté le Comité vient à s'engager dans une voie périlleuse et pernicieuse pour la patrie, ce serait une situation inconciliable avec les intérêts sacrés de la patrie et de la Personne impériale que le peuple suivrait naturellement.

Nous sommes persuadés que le Souverain, dans ce grave instant, ne manquera pas, pour l'avenir, afin de ne pas donner lieu à des tels conflits, de prendre en considération ces objections et de sauver ainsi le pays d'un pas dangereux, tout en nous ouvrant à tous les portes du bonheur et de la félicité. La majorité de la nation ne peut douter de l'impartialité du calife, le père de la nation.

Du *Mizan* (le *Stamboul*, 5 avril 1909) :

La Révolution accomplie, alors que les membres du Comité auraient dû recourir aux mesures les plus urgentes et concentrer tous leurs efforts en vue d'une communauté d'action contre les tentatives étrangères et les dangers intérieurs, préoccupés d'assurer surtout le pouvoir et l'influence de leur association, ils ne songèrent qu'à multiplier leurs succursales et à caser leurs créatures, annihilant l'autorité du gouvernement par leurs arbitraires et illégales interventions, sous prétexte perpétuel d'empêcher le retour de l'absolutisme impérial.

Du *Serbesti* (le *Stamboul*, 5 avril 1909) :

Les députés qui voudront bien méditer les déclarations de Kiamil pacha seront convaincus qu'ils ont été joués par l'influence occulte du Comité *Union et Progrès*, qui d'ailleurs a étendu sa funeste domination dans toutes les provinces, profitant de l'ignorance du peuple et de la faiblesse d'un pouvoir sans autorité effective. C'est grâce à la valeur et à la gloire réelles de quelques héros que le peuple naïf a été enjôlé de bonne foi lorsqu'il n'a pas été dominé par la peur. Or, quelle est l'œuvre accomplie partout ? L'anarchie complète, les révoltes et le brigandage. La Comité n'a aboli le despotisme de Yildiz que pour élever son propre despotisme, beaucoup plus redoutable que l'autre...

HASSAN FEHMI,
Rédacteur en chef du journal *Le Serbesti*.

Le 7 avril au matin, les journaux de Constantinople annoncèrent que vers minuit le rédacteur en chef du journal *Le Serbesti*, qui s'était particulièrement signalé par ses violentes, mais justifiées attaques contre le Comité, venait d'être assassiné d'un coup de revolver, tiré par un inconnu portant l'uniforme militaire. Accompagné d'un ami, M. Hassan Fehmi traversait le pont de Galata, lorsqu'il fut assailli par le fameux inconnu. Or, l'assassin a été vu par le compagnon du rédacteur en chef du *Serbesti*, il a été blessé lui-même. D'autres témoins ont vu courir l'assassin sur un pont gardé des deux côtés et personne n'a mis la main à son collet. L'indignation de la population de Constantinople était au comble. D'autant plus que c'est le Comité qui avait institué lui-même ces sortes d'attentats. Chemzi pacha avait été tué à coups de revolver à Monastir, au mois de juillet 1908, Ismaïl Mahir pacha tomba sous les balles d'un assassin au mois de décembre 1908, à Constantinople. Aucun de ces meurtriers ne fut jamais inquiété. Vainement le grand vizir Husséin Hilmi pacha promettait aux nombreuses délégations qui venaient solliciter l'arrestation du coupable que le criminel serait retrouvé et pendu. Le ministre de la Police, Sami pacha, membre du Comité *Union et Progrès*, classait l'affaire, l'assassin ayant oublié probablement d'aller déposer sa carte de visite aux postes de police qui se trouvent à quelques pas du lieu du crime. Ce fut la goutte d'eau qui fit déborder le vase.

*
* *

Le 13 avril, à l'aube, les soldats libérateurs, les mêmes qui, en Macédoine, exigèrent le rétablissement de la Constitution d'Abdul-Hamid, réunis sur les places de Stamboul redemandaient au sultan le rétablissement des garanties constitutionnelles et le respect des traditions religieuses violées cette fois, non pas par Abdul-Hamid, mais par le Comité devenu la loge maçonnique *Union et Progrès*. Ce sont donc les fameux bataillons de chasseurs de Salonique, l'armée constitutionnelle régulière, amenés à Constantinople pour contrebalancer la garde impériale de Yildiz qui, le 13 avril, se rendirent derechef maîtres de Stamboul. Cette Révolution fut aussi pacifique que celle des journées de juillet 1908, en Macédoine. Elle avait à sa tête des officiers, des soldats commandés par les anciens compagnons de Niazi bey, celui-là même qui, s'étant retiré à Rezna avec ses hommes, somma Abdul-Hamid de rétablir la charte de Midhat. Niazi bey préféra pendant les journées d'avril se mettre du côté des violateurs de la charte et des athées de la loge *Union et Progrès*.

Le cri unanime était :

Nous voulons qu'on respecte la Constitution intégralement et qu'on retire aux vauriens turcs venus d'Europe, le pouvoir qu'ils ont accaparé, en voulant nous imposer un régime sans Dieu.

Les comitadjis, c'est-à-dire les membres du Comité, les plus néfastes avaient disparu. On n'inquiéta aucunement les comparses. Malheureusement, quelques exaltés, notamment les sergents Hamdi et Hazim, dans la surexcitation du premier moment, se mirent à rechercher M. Ahmed Riza et M. Husséin Djahid pour punir en eux tous les méfaits de la loge *Union et Progrès*.

Nazim pacha, ministre de la Justice, et Mehmed Arslan bey, député, pris par erreur pour les deux pontifes du Comité, tombèrent sous les balles des forcenés. Un officier de marine, Ali Kabouli bey, qui menaçait au nom du Comité de mitrailler Yildiz et excitait l'équipage du cuirassé qu'il commandait contre Abdul-Hamid, fut tué aussi. Traîné jusqu'à Yildiz, les soldats demandèrent au souverain la punition qu'il méritait. Abdul-Hamid fit répondre qu'il fallait le remettre aux autorités compétentes. Les soldats passèrent outre et le fusillèrent au pied d'un mur. Du 13 au 24 avril, date de la rentrée des comitadjis avec Mahmoud Chevket pacha à leur tête dans la capitale, les insurgés n'ont fait qu'une quinzaine de victimes. C'est le chiffre maximum admis même par les adversaires. Des chefs militaires, comme le maréchal Edhem pacha, le général Nazim pacha, des hommes d'État comme Tevfik pacha, le cheik-ul-Islam Ziaéddine effendi, ont été unanimes à déclarer que l'armée entière de la capitale avait pris part à l'insurrection et que spontanément tous avaient demandé le maintien de la Constitution. Le maréchal Edhem a laissé sur ces événements quelques documents heureusement à l'abri des comitadjis. Il déclare catégoriquement avoir accordé une amnistie entière à la sédition, parce que, réellement, elle n'avait pas eu le caractère délictueux qu'on a voulu lui donner. Quant aux assassinats commis, ils avaient été forcément englobés dans l'amnistie générale accordée officiellement. Les Chambres reprirent leurs séances. Les représentants ne furent point inquiétés. La presse continua à s'occuper avec entière liberté des affaires publiques. Enfin on allait prendre la décision suprême, la dissolution légale de la loge *Union et Progrès*. Mais on avait oublié de compter avec les bandes macédoniennes, bulgares, arméniennes, juives, avec les Sandansky, les Panitza, les Carasso, etc., tous ennemis d'une Turquie unie et forte.

Réfugiés à Salonique, en Europe, et à Adana, en Asie, les comitadjis répondirent à l'insurrection pacifique de Constantinople par des massacres. En Cilicie, les Arméniens révolutionnaires avaient établi à Mersina et à Adana des dépôts d'armes et de munitions. Il avait été convenu de répondre à la chute du Comité *Union et Progrès* par des provocations contre les musulmans loyalistes. Exciter ceux-ci à des tueries, se défendre et enfin accuser Abdul-Hamid d'avoir renversé le Comité pour rétablir par la terreur l'ancien régime.

On commença par insulter l'islamisme dans quelques pièces de théâtre de mauvais goût. On souilla les mosquées, des ordures furent exposées devant les autels. On publia des plaquettes où il était déclaré que l'Arménie enfin serait reconstituée prochainement sous le protectorat de l'Angleterre. Du reste toutes ces pièces sont aux dossiers à la Sublime-Porte. Et lorsque le Comité *Union et Progrès* fut renversé, les Arméniens révolutionnaires donnèrent le signal des massacres par une dernière provocation: l'assassinat de deux musulmans tués par un jeune homme resté introuvable.

Les massacres, du 14 avril au 16, furent particulièrement sanglants. Il y eut autant de victimes de part et d'autre. Des rapports consulaires, des journaux européens, des officiers de marine déclarèrent enfin que ce n'était plus ce qu'on appelait, sous l'ancien régime, un massacre d'innocents, des brebis qui se laissent tuer sans même gémir, mais bien une lutte acharnée, de deux éléments bien distincts et qu'enfin le rôle des Arméniens révolutionnaires était plus que suspect. Jamais il ne fut question, de la part des musulmans d'Adana, de rétablir l'ancien régime. On a vainement cherché à établir quelques relations entre Abdul-Hamid et les fauteurs des troubles. Par contre, des documents saisis établissent les rapports constants des membres du Comité *Union et Progrès* de Constantinople et de Salonique avec les libertaires arméniens de la Cilicie. Husséin Hilmi pacha et d'autres encore, lorsqu'ils seront libres et qu'ils pourront parler sans crainte, nous diront un jour d'où est partie la provocation et quels sont les promoteurs des massacres des pauvres victimes innocentes, chrétiennes et musulmanes, mortes au profit du Comité *Union et Progrès*.

Notes d'un témoin.

La page qu'on va lire n'était point destinée à être publiée. Elle est extraite d'une lettre familière écrite à un ami par un officier du *Victor-Hugo*, un des vaisseaux envoyés les premiers en Asie Mineure à la nouvelle des massacres d'Arméniens. Nul récit travaillé ne vaudra, nous semble-t-il, cette description simple. pittoresque et poignante d'un homme qui note brièvement ses impressions sans souci de littérature, et sous le coup des émotions ressenties. Nous la publions sans retouche.

« Mersina, 23 avril 1909.

» Au sortir de la gare, le train s'engage dans une région admirablement cultivée, la plaine regorge de moissons, de vignes, d'arbres fruitiers... « Heureux « les cultivateurs qui vivent paisiblement sur cette « terre grasse : *O fortunatos nimium...* » On formule à peine cette réflexion qu'apparaît une ferme incendiée, ravagée, dont il ne reste que quelques pans de murs noircis. Puis c'est une autre, une autre encore. La désolation augmente à mesure qu'on se rapproche d'Adana, et le contraste s'accentue entre ces vestiges de mort et l'aspect riant de la campagne plantureuse.

» Dans chacune de ces fermes les Arméniens ont été tués, déchiquetés, grillés jusqu'au dernier. A ces malheureux, cernés par les assaillants, toute résistance a été impossible. Dans d'atroces tortures, on leur a fait désirer la mort, aux jeunes filles surtout.

» Arrivés en gare, nous prenons congé des officiers anglais qui se rendent chez leur consul. La France n'est représentée que par un drogman, Arménien d'ailleurs. Un Français, employé à la fabrique de tabacs et qui habite depuis de longues années la Turquie, s'est mis obligeamment à notre disposition pour nous guider par la ville.

» Sous les regards curieux plus qu'hostiles de la populace accourue en foule, nous nous engageons dans la rue principale. Nous passons à chaque pas devant une boutique mise à sac, et dont il ne reste que le coffre-fort éventré parmi les immondices. Les pillards se sont gardés de mettre le feu, car Turcs et Arméniens vivent ici côte à côte. Les échoppes ravagées alternent avec des étalages bien garnis dont les propriétaires se promènent avec l'air satisfait de gens débarrassés du souci de la concurrence et qui attendent paisiblement le moment où il plaira à Allah de ramener les affaires.

» Voici le quartier purement arménien, des maisons y sont demeurées intactes : le cercle, l'école notamment. Notre cicerone nous explique qu'en plusieurs points les assaillants ont trouvé une vigoureuse résistance. Ils se sont contentés de travailler de loin, ainsi qu'en témoignent les façades criblées de balles et n'ont point osé se risquer contre des gens bien pourvus d'armes et de cartouches et déterminés à vendre chèrement leur existence. Et puis les Turcs croyaient aussi que des mines avaient été disposées et cette crainte a contribué à les rendre prudents.

» Nous nous sommes rendus à la Mission qui occupe un immeuble vaste et de belle apparence, au cœur de la ville.

» Encore que nous ne soyons ici qu'en touristes, les Pères nous reçoivent presque en sauveurs, car ils n'ont pas cessé jusqu'aujourd'hui d'avoir des inquiétudes, malgré l'apaisement apparent qui a suivi les trois jours de massacre. On a tiré contre la maison, où les réfugiés étaient nombreux. Un jésuite a été blessé en allant observer les événements du haut de la terrasse. La balle a fait séton en effleurant le péritoine. Que le bon Père ait échappé à la mort c'est un quasi-miracle. Au reste il l'entend bien ainsi d'une façon littérale et il dissimule mal une pointe de naïf orgueil.

» Assis dans le parloir et avides de détails, nous demandons comment les troubles ont pris naissance dans une région qu'avaient épargnée les massacres de 1896. L'opinion de M. L..., notre aimable guide, n'est pas en faveur des Arméniens. Dès la mise en vigueur de la Constitution, ils étaient, paraît-il, devenus insupportables, violents et querelleurs. Ce n'était pas une raison de les massacrer, mais cela explique le déchaînement des fureurs. Ils ne faisaient point mystère de leurs projets séparatistes et de la reconstitution, qu'ils espéraient prochaine, du royaume d'Arménie. Ils colportaient ouvertement des écrits incendiaires et des lithographies destinées à représenter « une gloire nationale », je ne sais de quel souverain du temps jadis. Ils jouaient sur leur théâtre des pièces où l'on bafouait les Turcs, où l'on mettait en scène les atrocités de leurs sultans et où l'on remontait jusqu'à Tamerlan pour trouver des sujets de haine et de mépris contre l'oppresseur musulman.

» Ils poussaient l'imprudence jusqu'à inviter les autorités locales à ces représentations. Leur évêque Grégorien (il a pu s'enfuir au moment des massacres) était un artisan d'intrigues. Du haut de la chaire, il appelait presque ouvertement aux armes et d'un ton enflammé exhortait ses ouailles à vendre jusqu'à leurs derniers haillons pour acheter un fusil. Ces explications ont de quoi nous surprendre : je constate que tout en gardant une grande réserve, les missionnaires ont soin de n'en contester aucune et il leur échappe même des hochements de tête approbatifs. J'ai, depuis, entendu confirmer cette version par un témoignage irrécusable, celui d'un inspecteur en chef de la Banque ottomane, M. X... Les Turcs ont fini par perdre patience. Un incident, peu grave en soi, a servi de prétexte. Sur un mot d'ordre donné ils se sont rués au massacre et le massacre a été horrible.

» Les pauvres gens de la campagne,de beaucoup les plus nombreux parmi les victimes, ont payé pour les excitateurs, eux qui pourtant devaient se soucier beaucoup moins de l'indépendance arménienne que de la régularité des pluies et de l'abondance des récoltes.

» On raconte avec beaucoup d'éloges la conduite du consul anglais. Venu en toute hâte de Mersina aux premières nouvelles des troubles, il est allé trouver le vali et a essayé, par tous les moyens possibles, de le déterminer à rétablir l'ordre. Il s'est heurté à des protestations désolées, des promesses de bon vouloir, des aveux d'impuissance. Au vrai, il n'y avait pas de troupes régulières dans la ville, mais seulement quelques compagnies de réservistes récemment appelées.Uniformes en haillons, figures de chenapans, ils ont été les plus redoutables des incendiaires et des meurtriers.

» Ayant obtenu une faible escorte, le consul anglais a parcouru à cheval les rues de la ville et n'a pas craint, sous la pluie des balles, de s'interposer entre les combattants. Il a été d'ailleurs blessé par un Arménien qui, malgré la présence d'un Européen, n'a pu se tenir de décharger son fusil sur des uniformes turcs. »

. . . .

Vendredi, 24 avril
Lendemain de notre visite à Adana.

. . . .
. . . .

« Je termine ma lettre et j'apprends à l'instant que malgré la vue des uniformes, malgré la visite officielle que, le lendemain, les trois commandants ont faite à Adana, malgré les paroles comminatoires au vali, on tue et on brûle encore là-bas. Avec l'aide, donnée en rechignant, des troupes régulières que nous avons vues débarquer hier, le consul anglais aurait réussi à sauver les Frères, les Sœurs et leurs réfugiés enfermés dans le palais du gouvernement. On dit que les premiers coups de feu seraient partis des Arméniens exaspérés par la vue des soldats turcs venus pourtant pour les protéger. Demain, les compagnies de débarquement occuperont les consulats de Mersina.

Un officier

(*Le Figaro*. Paris, 7 mai 1909.)

Si je ne craignais de trop abuser des citations, de fatiguer les lecteurs en coupant mon récit par des textes, je remplirais ce volume de lettres semblables. J'ai préféré choisir ici le document sérieux le moins favorable aux Turcs. Il est utile d'ajouter que ce sont les membres du Comité *Union et Progrès* qui se sont empressés de dégarnir Adana de troupes régulières et de confier la garde du pays aux Arméniens libertaires, à ceux qui dans le Comité forment la gauche.

* * *

Pendant que les Arméniens de la loge *Union et Progrès* mettaient la Cilicie en sang, les Bulgares, les Juifs et les Turcs athées préparaient à Salonique un nouveau massacre, celui des soldats musulmans de la capitale, parce qu'ils demandaient qu'on respectât leur religion, le souverain et la Constitution. Réunis à Salonique, en hâte, les comitadjis se préparèrent à ce qu'ils appellent leur revanche. Avec les débris des troupes turques de Salonique, de Uskub, de Monastir, pauvres soldats égarés, débris falots de l'armée régulière, ils enrôlèrent des milliers de Serbes, de Grecs, de Bulgares, de Juifs pour marcher sur la capitale des califes. On a appelé cette cohorte le IIIe corps d'armée. Elle était composée de 20.000 hommes, encadrés d'officiers sans galons revêtus de l'uniforme de simples soldats pour mieux marquer le caractère anarchiste de cette troupe, avec, en tête, un état-major de terroristes de Macédoine, de quelques officiers turcs, et, enfin, en marge, le général Mahmoud Chevket pacha, ancien favori de Yildiz. Voilà la grande armée qui va faire la conquête de Constantinople. Sur les rives du Bosphore, le calme règne. A la cérémonie religieuse du Sélamlik, le 16 avril, le sultan Abdul-Hamid est acclamé avec enthousiasme. De toutes les provinces de l'Asie Mineure l'armée régulière s'offre pour défendre la Constitution et le sultan contre le Comité *Union et Progrès*. Mais ce dernier n'a aucun scrupule. Il menace de créer des complications internationales en Macédoine, si on ne veut pas traiter avec Mahmoud Chevket pacha devenu l'homme de confiance, le soutien, le plénipotentiaire de la loge *Union et Progrès*.

A Constantinople, le Ier corps d'armée, commandé par le Jeune-Turc Nazim pacha, est tout dévoué au sultan. Le IIe, celui d'Andrinople, est ouvertement hostile aux cohortes saloniciennes. Sans faire appel aux troupes d'Asie, en prenant possession immédiatement des lignes de défense de la capitale, la cohue de Salonique aurait été réduite à l'impuissance. C'était le plan que les hommes d'État fidèles à la charte avaient conseillé. Abdul-Hamid, le maréchal Edhem pacha, ministre de la Guerre, Nazim pacha s'y seraient certainement résolus, lorsque commença la fameuse correspondance entre Mahmoud Chevket pacha et le gouvernement. Le commandant en chef de l'armée de Salonique déclarait, sur son honneur de soldat, qu'il n'avait pris la tête de l'armée du Comité que pour éviter des malheurs irréparables, la perte peut-être de la Macédoine : « Je les conduirai, disait-il, à Constantinople pour les réconcilier avec les troupes de la capitale et rétablir, avec vous, en commun, l'ordre et un gouvernement normal. Expliquez mes sentiments intimes aux troupes du IIe corps d'armée, dites-leur que je suis à cette heure le maître de l'armée de Salonique, que je suis un fidèle serviteur du calife et que je serais heureux qu'ils coopèrent avec nous à la réconciliation tant désirée et enfin à la chute du Comité. » Il écrit encore pour demander qu'on donne l'autorisation légale aux compagnies de chemins de fer pour le transport des troupes. Cette autorisation est donnée par Abdul-Hamid lui-même à la Compagnie. Le gouvernement fait tous ses efforts pour dissuader les troupes d'Andrinople, le IIe corps d'armée, d'ouvrir les hostilités contre les bandes saloniciennes. Dans une dépêche, le maréchal Edhem pacha exhorte l'armée d'Andrinople à s'unir aux troupes de Mahmoud Chevket pacha, à se soumettre à ses ordres qui sont aussi ceux du gouvernement légal de Constantinople.

Mahmoud Chevket pacha écrit après la jonction avec le IIe corps : « Je marche sur la capitale en soldat fidèle de Sa Majesté. Soixante mille hommes encerclent ainsi silencieusement et sans coup férir la ville de Sainte-Sophie. Subitement l'état-major de l'armée de Salonique devient exigeant. Désarmez telles positions, retirez les mitrailleuses aux troupes de la capitale, éloignez du Bosphore les vaisseaux de guerre. Faites conduire les munitions qui se trouvent dans tels dépôts aux avant-gardes de mon armée. » Et loyalement le maréchal Edhem pacha et le général Nazim pacha obtempèrent aux ordres des factieux. Quelques amis du sultan, des vieux serviteurs de l'ancien régime, s'inquiètent de ces dislocations des troupes de la capitale. On adjure le souverain de prendre des mesures de défense, de faire appel aux troupes d'Asie. Cet abandon de la capitale aux bandes du Comité les effraie. Abdul-Hamid répond à tous invariablement :

Je veux tenir mon serment. Je resterai fidèle à ma parole, confiant dans le loyalisme de mes sujets et la droiture de Mahmoud Chevket pacha.

D'autres viennent prouver au sultan qu'il est odieusement trompé, qu'on le déposera certainement. Le salut, lui dit-on, est dans la fuite. Des navires étrangers s'offrent sans obstacle à vous embarquer, les ambassadeurs aussi certainement. Abdul-Hamid répond devant des témoins dignes de foi, qui ont déposé devant la cour martiale :

Un calife doit avoir le courage de mourir à son poste.

Le 21 avril, le quartier général de l'armée de Salonique est à Tchataldja, à 43 kilomètres de Stamboul. Mahmoud Chevket pacha, peu sûr de la fidélité des troupes musulmanes du IIe corps d'armée encadrées dans ses cohortes de Salonique, déclare solennellement devant le front des troupes que le sultan n'a rien à craindre, qu'il n'abdiquera pas, qu'il s'est en cela entendu avec les négociateurs du Palais. Et il termine en criant : « Vive le sultan ! » Décidément cet homme est un singulier soldat. Pendant qu'il calme ses troupes avec des paroles fallacieuses, il convoque pour le lendemain, 22 avril, en Assemblée nationale, à San Stéfano, la Chambre et le Sénat pour traiter de la déposition du sultan.

Le 23 avril, Abdul-Hamid sort de son palais pour la cérémonie du Sélamlik. Il est acclamé. Aucune hostilité, ni parmi les troupes, ni parmi le peuple contre le souverain.

Enfin le grand vizir Tevfik pacha reçoit un télégramme le 23. Mahmoud Chevket pacha déclare dans ce document :

> Ce sont les désordres de Constantinople pendant le 13 avril qui ont blessé l'amour-propre, les sentiments patriotiques de mes troupes. C'est pour rétablir l'ordre que nous avons mobilisé une partie des IIe et IIIe corps d'armée. Si la garde impériale se soumet, il ne sera pris contre elle aucune mesure de répression. J'ai déclaré catégoriquement inexact le bruit qu'on fait répandre du détrônement de Sa Majesté Impériale.

Ah ! quel tisseur d'inexactitudes que ce général. A San Stéfano, les pontifes du Comité lui demandent la tête du sultan. Il la leur promet pour le lendemain. Décidément ces gens-là veulent pousser à bout les troupes de la garde qui, sans arrogance, calmes, dans leurs casernes respectives attendent la réconciliation promise. Mais ces braves gens sont bien décidés à défendre la tête du calife si convoitée par les cohortes de la loge *Union et Progrès*.

Le 24, au point du jour, l'armée de Mahmoud Chevket entre par différents points, simultanément, dans la ville. Pendant que dans les faubourgs, aux applaudissements des filles de joie et des cabaretiers, on abat à coups de revolver des soldats désarmés, les terroristes de Macédoine commandés par les Niazi, les Enver, les Mouktar, les Panitza, les Sandansky tirent à mitraille, les premiers sur les casernements de la garde impériale, malgré le drapeau blanc hissé sur Yildiz.

Califine dinini immanini sikéim! — Je me f... de la religion et de la foi du calife,

répond un officier du Comité, à un parlementaire qui vient conjurer les révolutionnaires de ne pas profaner la demeure du sultan-calife.

— Officier, vous êtes certainement un excellent patriote, eh! bien, ces coups de feu que vous commandez, croyez-moi, portent sur le cœur même de l'Islam.

— Tant mieux, nous serons ainsi plus vite débarrassés des légendes stupides du chamelier de La Mecque, répondit l'officier maçon.

*
* *

Les troupes des casernes qui protègent le Palais répondirent à cette violation des lois militaires par un refus formel de se rendre à d'autres qu'aux autorités légales. Sans canons, elles résolurent de défendre leur vie à coups de fusil. Elles refusent de se rendre aux bandes macédoniennes.

Ce n'est pas ainsi qu'on a promis de nous traiter criaient ces braves soldats. Nous ne sommes pas des rebelles, nous ne relevons que du sultan et du ministre de la Guerre.

Les officiers du Comité répondirent par la canonnade. Ces splendides casernes dont, tout gamins, nous nous plaisions à admirer les imposantes façades, et que les Russes eux-mêmes n'osèrent attaquer pendant la guerre fatale de 1877-1878, subirent le feu meurtrier des bandes révolutionnaires de Mahmoud Chevket pacha. Les troupiers loyalistes, tombés sous les obus, expiraient victimes de l'amour de la patrie et du sultan. Les assaillants se réjouissaient des ravages. A peine quelques coups de fusil venaient-ils atteindre les plus féroces d'entre eux, ceux qui avaient juré de tuer à bout portant des soldats musulmans. Trois mille hommes périrent ainsi par la mitraille et à coups de baïonnette pendant l'assaut. Trois mille patriotes dorment, dans la voirie, le dernier sommeil, pour avoir bravé la loge *Union et Progrès.*

Un officier loyaliste à cheveux blancs, à figure martiale, sans forfanterie, comme savent l'être les bons Turcs d'Anatolie, ayant survécu par miracle à la prise de la caserne de Taxim, nous a déclaré, les larmes aux yeux et les mains sur le Coran, que jamais il n'aurait cru les soldats de Roumélie capables d'une lutte fratricide aussi sauvage.

Après l'assaut, nous avons eu à subir, nous disait-il, les corps à corps. Dix contre un. Et lorsque la victime, loque pantelante, était abattue, on assistait à des tueries entre assaillants pour détrousser le cadavre. En effet, on avait dit aux Saloniciens que les défenseurs de Yildiz avaient des ceintures pleines d'or.

Le 25, il n'y avait plus une seule caserne à prendre. Toutes étaient aux mains des Saloniciens. Ceux-ci n'avaient eu que 200 victimes. Ouf ! c'est fini. L'affreux massacre a cessé, croyait-on. Ah ! que c'est peu connaître le cœur des musulmans athées. Dans les rues de Stamboul, les bandes révolutionnaires massacrent des softas ou étudiants en théologie. C'est avec délices que les terroristes de Macédoine tailladent la chair des hodjas.

J'entends l'objection de certains. Le coupable, disent-ils, en tout cela, ce fut le sultan Abdul-Hamid. Puis l'auteur exagère. Or voici l'opinion d'un journal anglais, excellemment documenté dans la circonstance et, certes, il n'est pas suspect de tendresse pour l'hôte de Yildiz :

Il paraît absolument certain que le sultan donna samedi dernier des ordres précis pour qu'aucune résistance ne fût opposée.

Abdul-Hamid s'adressa plusieurs fois aux troupes de Yildiz, leur demandant de faire leur soumission et leur déclarant que les troupes de Salonique étaient venues sur sa demande.

(*Daily Telegraph*, lundi 26 avril 1909.)

De longues lignes de fourgons sont prêtes. On entasse, comme du bétail, les troupes du maréchal Edhem pacha. Où les mène-t-on ? A Salonique, en Macédoine, pour les faire mourir lentement, sournoisement, à la frontière, par les chefs de bande bulgares ou bien pour les jeter sur les Albanais, révoltés déjà contre le Comité et ses chefs. La révolte des Albanais est d'autant plus naturelle que ce sont eux qui imposèrent à Abdul-Hamid le rétablissement de la charte. Le Comité, pour ce concours, leur avait promis de l'or, beaucoup d'or ; il les paye aujourd'hui avec du plomb.

Les prisons sont bondées. Il y a là des vétérans des batailles de Plevna, des soldats qui ont fait la campagne de Grèce, des jeunes recrues, des imams sous la garde des Juifs, des Serbes, des Bulgares, des Albanais.

On recherche activement certains softas de Stamboul : on fouille également tout le littoral asiatique, où pourraient s'abriter des fugitifs. Le fait le plus singulier dans ces circonstances, c'est que l'ordre est maintenu dans la capitale par des patrouilles de rudes Albanais et d'étrangers comitadjis macédoniens.

(*Daily Telegraph*, 26 avril 1909.)

Le général Mahmoud Chevket pacha est enfin le maître. Il domine ; c'est lui qui dirige ces luttes fratricides. Le 25, il fait proclamer l'état de siège qui dure encore depuis un an.

Le 27, profitant de la terreur qui plane sur la capitale, Mahmoud Chevket ordonne la déposition du sultan. Une ridicule comédie a lieu à l'Assemblée nationale, tenue naturellement à huis clos. On va voter, dit-on, sur le sort d'Abdul-Hamid. En réalité, la déposition est déjà décidée. Mahmoud Chevket pacha et les pontifes de la loge *Union et Progrès* tiennent déjà le fetva de déposition, arraché sous la menace des baïonnettes au cheik-ul-Islam, Ziaéddine effendi. Voici cette pièce :

Lorsque le commandeur des croyants supprime certaines questions importantes légales des livres sacrés ; qu'il interdit, déchire, brûle ces mêmes livres ; qu'il dépense et dilapide le Trésor public ou s'en empare illégalement ; que, sans motif légitime, il tue, emprisonne et exile ses sujets, et prend l'habitude de commettre toutes sortes d'autres tyrannies ; puis, après avoir juré de revenir à la vertu, violant son serment, qu'il persiste à provoquer de violentes révolutions capables de troubler complètement la situation et les questions islamiques, et fomente des massacres ;

Lorsque pour faire disparaître cette tyrannie, de tous les points des pays musulmans arrivent des demandes de déposition ;

Lorsque son maintien offre un danger certain, tandis que sa chute ne peut être que favorable : Faut-il, si les hommes compétents le jugent nécessaire, lui proposer d'abdiquer le sultanat et le califat, ou le détrôner ?

Réponse : « Oui. »

MEHMED ZIAÉDDINE

Rien n'a été relevé contre Abdul-Hamid à partir du 24 juillet 1908, c'est-à-dire depuis le rétablissement de la charte Midhat. Vainement nous avons attendu pendant un an, non des preuves, mais de fortes présomptions de la culpabilité du sultan. Du reste, le signataire du fetvaa sincèrement déclaré à ceux qui le contraignaient de signer l'acte de déposition, qu'il n'a jamais eu sous les yeux la preuve de la culpabilité du calife. Un éminent théologien musulman, Kadri effendi, universellement connu en Turquie pour son libéralisme, nous autorise à déclarer ceci :

Abdul-Hamid n'a jamais violé la charte depuis le 24 juillet 1908. Il fut, au contraire, un de ceux qui la respectèrent le plus.

Une délégation de l'Assemblée nationale, avec

le juif E. Carasso effendi, vénérable de la loge *Union et Progrès* qui rentra à Stamboul avec l'armée de Salonique, vint signifier au sultan sa chute. Une autre délégation alla notifier à Réchad effendi son avènement au trône sous le nom de Mehmed V. On lui expliqua la situation :

> Vous serez, Sire, un monarque constitutionnel parlementaire, et, surtout souvenez-vous toujours que vous devez le trône au Comité *Union et Progrès*.

La même nuit Abdul-Hamid est transféré à Salonique, prisonnier d'État sous la garde des bandes terroristes. Enfin Yildiz est vacant, les portes sont ouvertes. Le Comité, ceux qui lui ont boudé par envie, des officiers, les révolutionnaires vont enfin, dans le sac du Palais et le dépouillement des petits papiers, sceller un pacte d'amitié.

Les arrestations continuent. La cour martiale fonctionne. Les suspects sont amenés. La cangue aux pieds, on les interroge. Ils sont tous musulmans; parmi eux, il n'y a pas un seul chrétien. Ce sont les espions du Comité qui ont dressé la liste. Une trentaine de softas dénoncés pour avoir crié le 13 avril « à bas le Comité » sont condamnés à manger du pain empoisonné. On n'osa pas les faire pendre par peur d'une nouvelle insurrection. Le poison suppléa la potence. Des officiers supérieurs loyalistes qui refusèrent de trahir le sultan sont battus par des soldats saloniciens, sous les yeux du tribunal militaire. Un ancien brigand bulgare soufflette un aumônier militaire musulman condamné à être pendu.

— Etes-vous pour la Constitution ou pour la tyrannie, demande le conseil à un troupier :

— Je suis, répond le brave pioupiou, pour notre sultan.

— C'est un réactionnaire, hurle la salle. Il sera pendu. Et il le fut.

Voici quelques noms de ceux qui furent pendus publiquement. Ces pendaisons du reste n'ont eu lieu que pour donner le change, pour cacher les tueries sans jugement, le poison, la chasse à l'homme à coups de crosse, dans la rue, dans les maisons, les champs, les mosquées même.

Les sergents Hamdi et Hazim du 4e bataillon de chasseurs, pendus le 3 mai. Ce sont les auteurs de l'assassinat commis le 13 avril sur le ministre de la Justice, Nazim pacha, et le député de Latakié, Arslan bey.

Pendus le 3 mai les instigateurs et présumés auteurs de l'assassinat de l'officier de marine, Kabouli bey.

Le major Youssouf effendi, vieil officier estimé, loyaliste, et son fils Arif effendi, comme meneurs du mouvement du 13.

Hadji Mahmoud effendi, aumônier de l'armée, pendu pour avoir encouragé les soldats à la révolte contre le Comité.

Djevher agha, fidèle domestique d'Abdul-

Hamid, pendu pour avoir refusé de trahir son maître.

Le colonel albanais Halil bey, des fusiliers de la garde impériale. Le colonel de gendarmerie Ramazan bey. Tayar bey, ex-conseiller d'État. Nadiri Fevzi bey, haut fonctionnaire de l'Instruction publique. Loutfi bey, journaliste. Kaba Sakal Mehmed pacha.

Naturellement ces exécutions et d'autres encore, malgré les apparences légales, ont été accomplies en violation de la loi religieuse. Le Cheik-ul-Islam s'est refusé catégoriquement à en prendre la responsabilité. Or, d'après le Chéri ou loi religieuse, la sanction du Cheik-ul-Islam est indispensable pour une exécution capitale. Le Comité a passé outre. C'est le sultan Mehmed V qui a été contraint à donner sa signature pour sanctionner cette illégalité.

Enfin, le 5 mai, Husséin Hilmi pacha reprend le sceau grand viziriel et consent à devenir, lui aussi, le docile serviteur de la loge *Union et Progrès*.

*
* *

On peut dire que la Turquie vit sous la tyrannie des beys du Comité, l'absolutisme des trente, ou mieux encore, pour employer une expression que le rédacteur du journal *Le Temps* de Paris, M. Jean

Rodes, a recueillie dans son intéressante enquête sur les dirigeants du régime nouveau :

> Tous m'ont dit : nous avions autrefois affaire à des gens repus, nous avons maintenant affaire à des gens affamés.
>
> (*Le Temps*, 27 février 1910.)

Depuis un an, pour vivre en paix dans l'Empire, il faut se taire, ne pas protester contre les gabegies de la loge, sinon on encourt les peines qui vont par gradation, de la fustigation aux plantes des pieds, le supplice de la falaka, à la pendaison.

Les grands vizirs eux-mêmes s'habituent à cette tyrannie. Husséin Hilmi pacha récemment, et avant lui Kiamil pacha en savent long. Husséin Hilmi, plus souple que le vieux Kiamil, sauva les apparences et abandonna le grand vizirat le 28 décembre 1909 sans esclandre. Voici dans quelles circonstances :

Les Anglais, impatients de recevoir la compensation du concours qu'ils avaient apporté au rétablissement de la Constitution, demandèrent, par la bouche de M. Lynch, membre du Parlement anglais, le monopole de la navigation sur le Tigre et l'Euphrate : c'est-à-dire la mainmise sur le point terminus du chemin de fer de Bagdad, qui, on le sait, est une concession allemande en voie de construction. M. Lynch possède déjà un droit de navigation concurremment avec une Compagnie ottomane dite de la Liste Civile : deux de ses bateaux font le service de Bagdad à Bassorah et vice versa. M. Lynch proposa donc que la Compagnie de navigation ottomane existant actuellement fusionnât avec la sienne sous la dénomination de Société anglaise de navigation. Il consentit même à substituer au mot anglaise le mot illusoire d'ottomane. Bon prince, comme le sont toujours les Anglais, il consentit à laisser au gouvernement turc la moitié des revenus de cette entreprise. Une fois en possession du droit exclusif de navigation, M. Lynch, c'est-à-dire les Anglais qui, ont déjà un aviso de guerre à Bagdad, un détachement de cipayes, des agents politiques de la fameuse cavalerie de Saint-Georges dans toute la Mésopotamie et qui détiennent les câbles reliant cette contrée aux Indes et à l'Europe, auraient de plus la clef du débouché sur le golfe Persique du chemin de fer Constantinople-Bagdad. C'était, on le voit, une excellente affaire. Sous la pression de la loge, Husséin Hilmi pacha consentit à soutenir le projet devant les affamés de la Chambre ottomane. La tâche a été rude ; il y a eu des récalcitrants ; mais Husséin Hilmi arriva au but. Péniblement, avec des subtilités parlementaires et surtout la cravache des comitadjis, la Chambre autorisa Hilmi pacha à traiter avec M. Lynch. C'est le succès, criait-on déjà à Londres. Heureusement il n'en fut pas ainsi. Sur les protestations indignées des habitants du vilayet de Bagdad, et surtout sur des réclamations comminatoires des financiers allemands, il a fallu s'incliner. Le Comité, qui craignit un nouveau discrédit, quelque mouvement semblable à celui du 13 avril, invita le grand vizir Husséin Hilmi au suicide moral. Deux ministres de ses collègues, deux pontifes de la loge, le décidèrent le 26 décembre à donner sa démission dans l'intérêt supérieur de la patrie. Hilmi pacha se soumit de bonne grâce à servir de couverture et à sauver la loge. Certes, il ne perdit ni son avenir, ni sa fortune dans cette manœuvre ; mais il perdit beaucoup de notre estime. On ne parla plus du monopole Lynch, celui-ci prit le chemin des dossiers où sommeillent tant d'autres exigences britanniques.

Cependant le grand vizirat a été un poste qui avait échappé jusqu'au 28 décembre aux initiés du Comité. Jusqu'à cette date ils n'avaient pas osé installer un des leurs à la Sublime-Porte. Mais l'appétit vient en mangeant. Ils se sont donc décidés à enlever cette position. Hakki bey, petit favori de la camarilla yildizienne, qui succéda à Hilmi pacha, est membre initié de la loge. Voilà donc l'*Union et Progrès* à son apothéose. Au frère Hakki le sceau de l'Empire, au frère Mahmoud Chevket le portefeuille de la Guerre. Il n'y a qu'une ombre au tableau, le calife ; mais Mehmed V paraît, hélas, se résigner au rôle de mannequin qu'on lui fait jouer. Et pourtant c'est lui seul, sa qualité de calife, de représentant ancestral de l'ordre qui est à même d'unir ce que le Comité a désuni, de donner confiance aux Ottomans de race, à ceux d'Anatolie. Malgré la fourberie et l'astuce des politiciens de Salonique, les hypocrites démonstrations patriotiques des trente, les vilayets d'Asie restent hostiles à la modernisation par le parlementarisme. Une méfiance spontanée règne dans toute la population musulmane de l'intérieur de l'Asie Mineure contre le Comité, les députés, les ministres. Les bons Turcs, ces braves gens qui ont fondé l'Empire, ne comprennent pas cet émiettement de la responsabilité, cet organisme sans tête. Abdul-Hamid n'a jamais eu autant de partisans au fond du cœur des musulmans que depuis la conquête de Stamboul par les Saloniciens. Le sultan déchu, pour eux, avait au moins l'autorité, le prestige, la confiance. Son nom était un signe de ralliement, on savait qu'au-dessus du fonctionnaire le plus haut placé, il y avait une force, un levier, un homme auquel on pouvait confier non seulement l'avenir du pays, mais la sauvegarde religieuse. Abdul-Hamid absolu n'a pas toujours mérité cette confiance aveugle, c'est certain ; mais que de services n'aurait-il pas rendus comme padischah constitutionnel. Lui libre, respecté comme il devait l'être d'après la charte, il aurait admirablement servi le pays et préparé la transition nécessaire au changement de régime dans la mentalité de nos populations. Oui, on peut le dire en toute franchise, aucun sultan contemporain n'a été autant vénéré chez les musulmans qu'Abdul-Hamid. Il avait réussi avec une rare persévérance à rallier sincèrement tous les sujets musulmans de son Empire à sa cause. Les chrétiens eux-mêmes, les paisibles Ottomans d'Anatolie, trouvaient, même sous le règne de la camarilla, une compensation réelle, celle d'être exonérés du service militaire extrêmement pénible en Turquie et celle de vivre en paix avec un minimum de charges.

Il n'y a plus de pouvoir régulateur ; le monarque calife n'existant plus que sur le papier et sur le bout des lèvres de quelques flagorneurs de la Cour. La Chambre, issue des honteuses nominations du Comité *Union et Progrès*, voilà par quoi on a voulu remplacer l'autorité et l'influence royale. Dieu merci, il y a encore en Turquie, dans les couches sociales turques, ce sentiment pondérateur, qu'on appelle improprement fatalisme musulman, qui nous sauve des pires convulsions. Car la vengeance qui couve contre les insulteurs du Coran et les soi-disant législateurs de la Chambre est telle que, sans le frein religieux, pas un de nos perturbateurs nationaux n'échapperait au lynchage. Du reste je vais donner un fait récent sur mille pour mieux caractériser nos nouvelles mœurs parlementaires et l'immoralité de nos représentants. Un homme d'État désirait être député. Il s'y prit trop tard. Vainement, chercha-t-il un siège vacant, oublié. Enfin il se décida à un petit marché. Un de ses subordonnés de jadis, appelons-le Kémal effendi, pressenti sur le désir du personnage, se présenta à celui-ci et lui tint à peu près ce banal langage :

J'ai été nommé par le Comité député de la ville religieuse de X... et je suis athée et franc-maçon. Je vous cèderais volontiers mon siège, si vous vouliez en échange me charger d'une mission permanente en Europe à ne rien faire.

Le marché fut conclu séance tenante. L'homme d'État prit le siège de Kémal effendi et celui-ci s'amuse en Europe et émarge pour cela du budget 10.800 francs par an. Mais le comique de l'anecdote c'est que les électeurs, les figurants électoraux de Kémal effendi, ignorent encore le premier mot de ce troc.

Mais toujours en garde contre moi-même, malgré ma réserve de ne citer que les faits patents, voici, sur la moralité de nos représentants, l'opinion des Européens les moins suspects d'hostilité systématique contre le Comité.

Au mois de novembre dernier, le correspondant à Constantinople d'un grand journal anglais, ayant signalé que des députés faisaient auprès des ministres des démarches intéressées en faveur de certaines demandes de concession, la presse turque protesta vivement, se refusant à admettre la véracité d'une accusation pareille. Or, au cours de mon voyage en Asie

Mineure, il est venu à ma connaissance que deux députés avaient touché récemment, pendant quatre mois, d'une Société de fouilles à laquelle leur appui était utile, des mensualités de 50 livres.

La protestation de la presse est d'ailleurs surprenante, car ce genre d'intervention ne se cache même pas.

Signé : JEAN RODES
(*Le Temps*, 27 février 1910.)

Evidemment, c'est le secret de Polichinelle. Mais au moins, sous Abdul-Hamid, on pouvait redouter encore le châtiment. Il y avait quelqu'un à qui on pouvait se plaindre et souvent cette crainte arrêtait la main des détrousseurs. Sous l'anonymat du Comité *Union et Progrès* nous n'avons même plus cet épouvantail.

* * *

Le rétablissement d'un gouvernement personnel tyrannique, tel qu'il a existé pendant les quinze dernières années du règne d'Abdul-Hamid, est-il désormais possible en Turquie ? Non. Parce que depuis 1900, le régime yildizien ne tenait debout que grâce à notre indolence et à notre apathie. La charte peut être comparée à un fruit mûr qu'on pouvait cueillir avec la main ; nous avons préféré que des étrangers vinssent secouer l'arbre en entier, pour nous laisser ramasser ce fruit. Malheureusement ce fameux fruit a maintenant des vers ; il faut l'en débarrasser. Les vers de la charte, ce sont les politiciens véreux du Comité.

Mais en quoi se résume cette charte ? Quelle est son utilité nationale ? C'est le contrôle des gens éclairés sur la gestion des deniers publics, et, comme nous l'avons déjà dit, une garantie contre l'arbitraire. Malgré ses imperfections, ses empreintes parlementaires, la charte Midhat appliquée à la lettre, sauf quelques articles surannés ayant trait aux provinces perdues, suffira, sans revision, à satisfaire la population ottomane et à donner le progrès au pays. Abdul-Hamid, absolu lui-même, l'a déclaré manifestement à ses puissants amis ; mais il s'empressait d'ajouter avec justesse, puisque les événements récents lui ont donné raison, que les utopistes et les intrigants ne l'entendaient pas ainsi et qu'une fois en possession de ce droit primordial, la charte, les perturbateurs allaient, avec l'appui des ennemis du bloc musulman, essayer de saper toutes les bases de la monarchie de droit divin qu'est la maison d'Osman.

Il est indéniable que, dans les 30 millions d'habitants environ dont se compose la Turquie, il y ait des éléments qui restent encore partisans d'un gouvernement absolu. Mais qu'entendent-ils par absolutisme ? Ils entendent un sultan juste et bon, maître suprême des destinées de l'Empire. Ces éléments restent réfractaires à tout progrès qui n'émanerait pas de l'initiative du sultan ou bien de son acquiescement sans réserve aux innovations. Peut-on croire un instant que ces éléments sont perturbateurs? Nullement. La Constitution elle-même prend dans la volonté souveraine du padischah son principe même.

Art. 3. — La souveraineté ottomane, qui réunit dans la personne du souverain le califat suprême de l'islamisme, appartient à l'aîné des princes de la dynastie d'Osman, conformément aux règles établies *ab antiquo*.

Art. 4. — Sa Majesté le sultan est, à titre de calife suprême, le protecteur de la religion musulmane.

Il est le Souverain et le padischah de tous les Ottomans.

Art. 5. — Sa Majesté le sultan est irresponsable; Sa Personne est sacrée.

Art. 7. — Sa Majesté le sultan compte au nombre de ses droits *souverains* les prérogatives suivantes :

Il *nomme* et révoque les ministres ; il confère les grades, les fonctions et les insignes de ses ordres ; il donne l'investiture aux chefs des provinces privilégiées, dans les formes déterminées, par les privilèges qui leur ont été concédés ; il fait frapper la monnaie ; son nom est prononcé dans les mosquées pendant la prière publique ; il conclut les traités avec les puissances ; il déclare la guerre ; il fait la paix ; il commande les armées de terre et de mer ; il ordonne les mouvements militaires ; il fait exécuter les dispositions du Chéri et des lois, il fait les règlements d'administration publique ; il remet ou commue les peines prononcées par les tribunaux criminels ; il convoque et proroge l'Assemblée générale, il dissout, s'il le juge nécessaire, la Chambre des députés, sauf à faire procéder à la réélection des députés.

Dès lors, il est ridicule de la part de la loge *Union et Progrès* d'agiter incessamment le spectre fantastique de la « réaction cléricale » pour justifier toutes ses tyrannies et toutes ses extravagances. Elle ne leurre que ceux qui ont intérêt à être leurrés. Elle fait le jeu de ceux qui veulent désorganiser, désislamiser ce pays, pour mieux se le partager au moment opportun. En effet, depuis deux ans, la Turquie a traversé et traverse encore des crises qui étaient même insoupçonnées sous le régime yildizien. L'Arabie reste ouvertement rebelle au Comité et à ses dirigeants. Les Arméniens révolutionnaires n'ont jamais affiché avec autant de forfanterie des velléités de séparation, d'autonomie que depuis deux ans. Les Albanais sont en révolte ; ils déciment par la guérilla nos troupes des frontières. Les Grecs ottomans ne se soumettent à la tyrannie maçonnique que contraints par les lois militaires de l'état de siège. Les Arabes syriens de même. Et toutes ces forces d'opposition n'agissent efficacement que par manque d'entente contre l'ennemi commun, le Comité, mais elles paralysent tout le mécanisme gouvernemental. Il y a quelques mois, c'était la Cilicie qui était à feu et à sang. A l'heure où nous écrivons ces lignes, l'Albanie tient en échec 50.000 hommes de nos troupes et le gouverneur du Yémen, à l'autre bout de l'Empire, en réclame autant pour établir, dit-il, l'autorité du Comité.

Quels sont donc les bienfaits acquis par la charte ? Le droit d'exprimer son opinion : il est impossible d'écrire un seul article de critique sérieuse sans courir le risque d'être déféré aux conseils de guerre. Les journaux qui se publient à Constantinople dépassent en fourberie les plus vils organes yildiziens d'autrefois. Le Trésor est livré à une poignée de jeunes gens inexpérimentés, sans capacité financière, indociles aux conseils de sagesse. Nous pouvons leur jeter, d'ores et déjà, le défi de nous présenter jamais un budget sans déficit ou d'amortir au moins notre dette comme le faisait Abdul-Hamid. Le brigandage fait loi dans une de nos meilleures provinces d'Asie, le vilayet de Smyrne.

Les campagnes sont tellement ravagées par le brigandage qu'on a dû, après bien des atermoiements, organiser une véritable expédition militaire, sous les ordres d'un général, pour opérer contre les bandes. L'audace de celles-ci est devenue telle, qu'elles ont tenté des enlèvements jusque dans les faubourgs de Smyrne, et que les habitants de ce grand port n'osent même plus franchir les limites de la ville.

Signé : J. RODES
(*Le Temps*, 7 mars 1910.)

La réorganisation judiciaire peut être caractérisée par un seul exemple.

Une cinquantaine de jeunes gens ont été

envoyés en Europe, en France particulièrement, pour suivre les cours de l'Ecole de droit, soi-disant pour se parfaire dans la jurisprudence. A Paris, les neuf dixièmes de ces protégés du Comité ne connaissent même pas les règles les plus élémentaires de la grammaire, ni même la compréhension du français, et ils fréquentent les cours des facultés (1). Dans trois ans ils rentreront dans

1. Un des nombreux exemples de l'insuffisance d'instruction élémentaire des boursiers protégés par la loge *Union et Progrès :* Un étudiant M. Vélyuddin, *alias* Vely-Ismyrli, professeur de littérature à Smyrne! a donné le 26 janvier 1910 une conférence à l'École des Hautes-Etudes Sociales, à Paris. L'objet de la conférence était : *Du rôle civilisateur de la Turquie.* Or, voici la preuve de l'incompétence de ce conférencier bluffeur :

« 25 novembre 1909.

» Mon cher Youssouf bey,

» Je viens de vous envoyer la première partie de la conférence que je suis occupé à préparer. Je vous *envois* aussi une lettre destinée à être envoyée à M. Corra. Comme la conférence elle vient pour vous baiser la main de correction et d'*examain.* Comme vous comprendrez en la lisant monsieur Corra m'invite à *un* dîner ; et avant cette invitation il m'avait demandé des notes sur ma vie publique et mes travaux ; « afin de pouvoir vous présenter, au « moment venu, comme il convient », disait-il. Ma vie publique et mes travaux ! Ma foi, je les ai exposés dans cette lettre ; seulement, je ne sais pas, est-ce que cette explication est convenablement faite ou non?

» Corrigez-la, je vous prie, *en fara et en fare,* et rendez-la-moi dans le plus court délai possible.

» Je vous suis infiniment obligé et je vous serre cordialement la main.

» *Signé :* Vély »

» P.-S. La *terminaison de lettre de* M.Corra doit être la plus resla carrière, la magistrature, pour abroger les capitulations et juger les étrangers de Turquie.

Mais il y a, paraît-il, une certaine liberté de parler à la Chambre des députés ottomane. Un député a osé dire franchement son opinion. Nous laissons à une feuille juive de Constantinople, dirigée par un Turc, le soin de nous conter l'histoire de ce héros.

Chéfik bey El Mueyyed prend le premier la parole sur l'ensemble du budget de la dette et au lieu de parler de cette administration, critique l'ensemble du budget général. Voulez-vous savoir en quelques mots ce qu'il a osé prétendre dans cette assemblée d'un régime constitutionnel? Après la répétition exacte du raisonnement erroné d'Ismaïl Kémal bey, il conclut que le régime déchu était assurément plus en règle, défendait mieux les intérêts de la nation! Voilà la conclusion d'un député qui après une comparaison criminelle des deux régimes arrive au résultat décevant, digne d'une créature d'Abdul-Hamid.

Il ne nous est pas permis de faire des commentaires sur ce discours peu patriotique, mais nous donnerons à nos lecteurs quelques phrases adressées à l'orateur par des députés de diverses nuances, à divers passages de ses déclarations.

Hafiz Ahmed effendi. — Cette comparaison entre les deux régimes est criminelle ; la nation a condamné

pectueuse possible, et faites attention, mon ami, aux multiples fautes d'*orthographes* que vous rencontrerez soit dans la lettre, soit dans la conférence.

» *Signé :* Vély. »

l'ancien régime parce qu'il en connaissait tout le mal.

Vartkès effendi. — Ah ! Chéfik bey, de grâce ! Ne nous chantez pas les bienfaits du régime hamidien, nous en savons quelque chose.

Haïdar bey. — Votre bienfaiteur est à la villa Allatini.

Fehmi effendi. — Ah ! si les djournals (*les rapports d'espionnage*) étaient publiés !!!

(*Le Jeune-Turc*, 29 avril 1910.)

Nous ne savons pas ce que le député Chéfik bey a pu dire pour soulever le courroux de la presse turque ; nous sommes réduit à le deviner, par les interruptions que son discours a suscitées. Eh bien ! il en est ainsi pour toutes les affaires publiques depuis le triomphe du Comité. On est obligé de reconnaître, au jugé, la valeur d'un homme par le diapason des injures qu'il soulève au sein de la loge. Plus l'injure, l'outrage est fort, plus l'homme invectivé a de la valeur.

CONCLUSION

L'Empire turc, élevé sur les ruines de celui des Seldjoucides, des Grecs, des Slaves d'Orient et des Arabes, n'a définitivement posé ses assises que par la prise de Constantinople en 1453, et de Damas et de La Mecque avec Sélim Ier (1512-1520).

Le rôle de la Turquie était désormais fixé. D'une part, discipliner les chrétiens d'Orient, perpétuels insoumis, sans unité, sans cohésion ; d'autre part, assimiler progressivement tous les musulmans à la civilisation occidentale. Certains sultans ont failli à cette tâche, d'autres apportèrent consciencieusement leur effort à l'accomplissement de cette œuvre, et, malgré certaines lenteurs, certains atermoiements survenus par suite des nécessités immédiates de l'existence même de l'Empire, la maison d'Osman, les grands hommes que la Turquie a produits n'ont jamais oublié la tâche que les lois sociales leur ont tracée. Une grande difficulté rencontrée dans l'œuvre des Osmanlis ce fut toujours, il ne faut pas l'oublier, l'habile intervention, tour à tour, religieuse, militaire et financière de l'Europe. Les gouvernants de celle-ci, dans la réalisation du rôle assigné par l'histoire à la maison d'Osman, trouvent une entrave à leurs ambitions. De là bien des difficultés enregistrées surtout dans les annales de l'histoire contemporaine. Les convoitises européennes ont souvent prévalu sur les lois sociales et morales. *Prius vivere* est la malheureuse formule qui a paralysé nos efforts civilisateurs. L'hostilité systématique, tantôt de la Russie, tantôt de l'Angleterre, à notre évolution normale, et, depuis trente ans, l'antagonisme anglo-allemand dans la lutte pour l'expansion coloniale et commerciale, obligèrent les Turcs à resserrer un peu leur surveillance sur les éléments non-musulmans de l'Empire, troublés méthodiquement par les puissances occidentales, intéressées à entretenir au milieu d'eux l'esprit d'insoumission, d'indiscipline. L'acuité de ces menées était devenue telle avec l'occupation anglaise en Egypte, que la Turquie laissa au second plan les progrès industriels pour ceux de la guerre. Menacé constamment d'être rejeté de l'Europe, de l'Arménie, de l'Arabie et de l'Afrique, le sultan Abdul-Hamid consacra tous ses efforts à cette double tâche : resserrer les liens des musulmans avec sa maison et développer en Turquie, chez les musulmans, l'unique goût de la civilisation militaire. Il faut ajouter que les chrétiens n'ont aucunement souffert de cette politique. Ils s'adonnaient au grand et au petit commerce avec une entière liberté. Pour le malheur des uns et des autres, les menées anglaises préparées en Asie Mineure depuis 1870, à l'aide de la Bible House, de la Jewish Mission et des agitateurs évangélistes, allaient aboutir à des résultats pratiques. L'ordre venait d'être donné. On voulait enfin à Londres récolter le fruit semé dans les cerveaux des Arméniens éduqués à l'anglaise. La Grande-Bretagne espérait ainsi prendre en écharpe l'influence allemande de plus en plus prépondérante en Anatolie.

En 1893, les associations anglaises avaient achevé l'œuvre qui consistait à former un bon noyau de terroristes pour soulever l'Arménie. Néanmoins rien encore ne présageait les terribles massacres que nous connaissons. Les Turcs toujours bons enfants, confiants dans le loyalisme des populations arméniennes, ne prêtaient même pas l'oreille aux avertissements de leurs propres amis.

Voici un document édifiant, de la plus haute importance, publié deux ans avant les troubles d'Arménie, par un missionnaire américain bien connu pour sa droiture et sa loyauté, Cyrus Hamlin. Il écrivait, le 23 décembre 1893, dans l'organe de la Mission de Boston :

L'œuvre de la Mission, de même que toute la population chrétienne de certaines parties de l'Empire turc ont maintenant beaucoup à souffrir de la propagande d'un parti révolutionnaire arménien. C'est une société secrète dirigée avec un raffinement, une habileté et une fausseté tout orientale. Elle s'appelle « Hintschak ». C'est ainsi qu'un Arménien des plus intelligents et éloquent défenseur de la Révolution m'assure qu'on a tout espoir d'ouvrir un chemin vers l'Asie Mineure à une puissance étrangère et de lui faciliter la prise de possession du pays. Comme je lui demandais comment cela serait possible, il me répondit : « Les comités de l'Hintschak sont organisés dans tout le pays et n'attendent que l'occasion de tuer un certain nombre de Turcs et de Kurdes, de mettre le feu à leurs villages, et de se retirer ensuite dans les montagnes. Les mahométans se lèveront alors indignés, tomberont sur le peuple arménien et le massacreront avec une telle barbarie qu'une puissance étrangère, au nom de l'humanité et de la civilisation chrétienne, occupera le pays. » Comme je qualifiais ce projet de diabolique, il me répondit avec calme : « Cela peut sans doute vous paraître ainsi, mais nous autres Arméniens, nous sommes résolus à obtenir la liberté. L'Europe s'est laissée fléchir par les horreurs des Balkans et a donné la liberté à la Bulgarie. Elle entendra aussi nos cris, nos cris qui s'élèveront du sang de nos femmes et de nos enfants égorgés par millions. » (!) C'est en vain que je cherchai à lui faire comprendre qu'un tel projet souillerait le nom « Arménien » aux yeux de tout le monde civilisé. Il se contenta de me répondre : « Nous sommes réduits au désespoir, nous le ferons. » Mais votre peuple, répliquai-je, ne veut pas de protection étrangère ? Il préfère la Turquie avec ses défauts. N'y a-t-il pas au delà de la frontière d'immenses territoires où les Arméniens auraient pu émigrer depuis des siècles ? Si votre peuple préférait un gouvernement étranger, il n'y aurait plus aujourd'hui une seule famille arménienne en Turquie. « C'est vrai, répondit-il, et c'est pour avoir été si bête qu'il doit maintenant en subir les conséquences. »

Je parlai encore avec d'autres Arméniens qui me tinrent le même langage, mais aucun n'avoua faire partie de la société révolutionnaire, dissimulation assez naturelle là où règnent le meurtre et l'incendie. En Turquie, ce parti a pour but de soulever les Turcs contre les missionnaires et les Arméniens protestants. Tous les troubles de Marsovan doivent leur être imputés. Les membres en sont traîtres, sans principes, cruels, et terrorisent leurs propres compatriotes en leur extorquant de l'argent, en les menaçant de mort, et ces menaces ne sont mises que trop souvent à exécution. Ce que je publie ici ne se rapporte, du reste, qu'à quelques-unes des erreurs projetées par le Hintschak. Que tous les missionnaires américains ou étrangers, ainsi que tous les Arméniens protestants fassent donc connaître les horreurs de cette société ! Comme amis sincères des Arméniens, nous devons éviter de paraître approuver ce mouvement horrible. Bien que maint Arménien fasse cause commune avec ce parti, par ignorance du but qu'il poursuit ou par patriotisme mal compris, nous devons cependant élever la voix contre toute connivence avec une chose qui doit amener fatalement la ruine des missions protestantes, de leurs églises et de leurs écoles. Que tous les missionnaires s'abstiennent donc de tout rapprochement avec les membres de l'Hintschak, ou de toutes relations qui sembleraient les favoriser (1).

(Extraits du document du missionnaire Cyrus Hamlin puisés dans le livre de H.-Barth-J. Aymeric, *Le Droit du Croissant.*)

1. Aujourd'hui les dirigeants du comité Hintschak ont fusionné avec le Comité *Union et Progrès.*

Deux ans après, en 1895, à Yildiz, on était enfin édifié sur les complots qui se tramaient contre la Turquie. C'est alors que commença dans l'Empire le régime yildizien. Abdul-Hamid affolé de l'influence et de l'action d'une puissance étrangère sur ses sujets, désarmé par le régime des capitu lations contre les agitateurs étrangers, se décida à organiser le système oppressif de la camarilla qui ne fit qu'augmenter avec la recrudescence des agitations suscitées contre l'autorité du padischah. Rien ne fut épargné par les dirigeants anglais contre Abdul-Hamid, qui s'obstinait à ne pas capituler devant leurs exigences politiques.

Désespérant de parvenir à faire échec au régime hamidien germanophile sans le concours des musulmans, Albion, la vertueuse, commença, vers 1900, à corrompre les Jeunes-Turcs et certains chefs influents albanais. Elle couronna enfin son œuvre en réconciliant tous les brigands des grands chemins de la Turquie et par eux parvint à ses désirs : le rétablissement de la charte Midhat et la déposition d'Abdul-Hamid (1908-1909). Le succès était par trop éclatant. Il a fini par réveiller Germania elle-même de sa lourdeur. Les mains sur les hanches, elle se planta en face de John Bull, résolue, elle aussi, à barrer par tous les moyens la marche triomphante des Anglais à Stamboul. L'Allemagne a réussi déjà à détacher du Comité *Union et Progrès* un certain nombre de nos militaires de valeur. Elle fait entendre ses doléances et ses récriminations jusque sur les marches du trône. Elle proteste contre l'envahissement anglais dans les affaires turques. Elle prouve, sans peine, que l'influence allemande, depuis vingt ans, n'a pas coûté à la Turquie le prix qu'a coûté l'influence anglaise, antérieurement, pendant la même période de temps. Les bohèmes, les utopistes qui nous gouvernent, malgré leur aversion pour l'Allemagne, sont obligés de se plier aux nécessités, à contre-cœur, certes, car l'autre, la puissance amie, est là menaçante. L'Angleterre ne plaisante guère, les financiers juifs à son service exigent l'accomplissement des engagements pris :

Échec au chemin de fer de Bagdad ; dépôt de charbon en Crète, si cette île restait sous la suzeraineté du sultan ; relâchement de l'autorité de la Porte en Arabie ; désislamisation progressive de l'Empire. Ces clauses, la loge *Union et Progrès* s'engagea à les réaliser ou à leur donner un commencement d'exécution dans le délai de dix ans. En échange le Foreign Office accorde aux Jeunes-Turcs parlementaires son appui financier, politique et moral. En effet, le mot d'ordre a été donné à la presse plus ou moins au service de l'Angleterre de retirer du vocabulaire des journaux les vieux clichés sur les atrocités turques et les litanies sur les innocentes victimes arméniennes, sur la succession imminente de l'homme malade, etc., certains journaux anglais les plus enragés contre les Turcs, il y a deux ans, reprennent même le mot de Bismarck, avec la sincérité en moins :

Les Turcs sont les seuls gentlemen de l'Orient.

Puisqu'on nous parle toujours des Constitutions qui régissent l'Europe occidentale et que le Comité *Union et Progrès*, par aberration, veut comparer la Turquie à la France d'aujourd'hui, sans se soucier de la différence d'éducation des deux peuples, nous invitons ce tyran anonyme à être conséquent avec lui-même. La France a une Constitution d'essence monarchique, et elle est en République depuis quarante ans. Cette Constitution voilà neuf législatures, c'est-à-dire trente-six ans, qu'elle régit les destinées de la nation française. On n'a jamais encore trouvé une majorité pour demander sa revision. Elle suffit donc, malgré son anachronisme, à faire de ce pays une puissance de progrès et d'évolution. Or, nous autres, nous sommes incapables de respecter loyalement la malheureuse charte Midhat pendant une seule législature. Pourtant nous trouvons dans cette charte le remède à la situation critique où est plongé le pays. Oui, cette Constitution, faite à la hâte, mais puisée en grande partie dans des chartes monarchiques européennes mûries longuement, pourra contenter les Ottomans occidentalisés et, d'autre part, satisfaire les Ottomans attachés au califat. Dans cette charte octroyée à deux époques différentes par Abdul-Hamid lui-même, les bons musulmans trouvent une garantie suffisante pour leur croyance. Mais la condition indispensable, nous ne cessons de le répéter, c'est son application loyale. Or cette malheureuse Constitution a été violée dans presque tous ses articles depuis deux ans. Nous les donnons *in extenso* et nous ajoutons, à chaque article auquel le Comité a porté atteinte, le mot *violé* ou une courte observation. Du reste, le lecteur, qui nous a suivi dans ce récit sommaire de la Révolution, pourra se rendre compte aisément de toutes ces violations. On sait que les populations musulmanes, natures soumises, vénérantes, répugnent à la participation directe du pouvoir, telle que les Jeunes-Turcs du gouvernement veulent entendre la chose.

D'autre part, les musulmans voient clairement que la dignité royale et califale n'est plus qu'un vain mot dans le système de la souveraineté nationale. Ces populations, tôt ou tard, secoueront ce joug qui opprime leur conscience, leurs sentiments religieux. Elles ne se révolteront peut-être pas toutes à la fois, en masse, mais par province isolée, comme du reste cela s'est produit et se produit encore en Arabie, en Albanie, en Mésopotamie, en Cilicie et, hélas ! nous ne sommes encore qu'au début. C'est une grave et profonde erreur de croire que l'on arrivera toujours à bout des insurrections par le régime des cours martiales et les expéditions militaires. Ces procédés coloniaux non seulement épuisent nos finances, mais auront pour conséquence l'épuisement de notre armée, l'entretien des haines de races et de nationalités. La Turquie pourrait-elle supporter un tel régime pendant dix ans, sans s'effondrer ? Nous ne le croyons pas. Nous rappelons donc, sans aucune animosité, le sultan à son devoir. C'est lui seul qui portera toute la responsabilité non seulement dans l'histoire, mais devant ses contemporains, ses sujets. Et si vraiment il est au-dessous de la tâche que lui a réservée le hasard de l'hérédité, il pourra même perdre son trône.

Dans cet exposé, nous avons voulu éviter toute phraséologie creuse, celle qui consiste à faire de gros in-folio, de longs chapitres pour dire des faits pouvant être contenus dans quelques pages. Nous avons avoué franchement les changements d'opinion que les événements de Turquie ont produit dans notre esprit. Nous sommes certain que c'est le cas d'un grand nombre d'Ottomans et d'Européens. Parmi nos compatriotes, nous en avons connu même qui, trompés par les fallacieuses déclarations du Comité, n'ont pas osé encore le répudier. Ils préfèrent garder le silence sur les méfaits de cette société anonyme et ils sont pourtant hommes publics ; parmi eux il y a même des hommes d'État de valeur. C'est un acte de lèse-patrie que le pays ne leur pardonnera jamais.

LA CONSTITUTION OTTOMANE (1)

Article premier

L'Empire ottoman comprend les contrées et possessions actuelles et les provinces privilégiées.

Il forme un tout indivisible dont aucune partie ne peut jamais être détachée par quelque motif que ce soit.

(*Violé. La cession de la Bosnie-Herzégovine à l'Autriche contre quelques poignées d'or. La Roumélie orientale à la Bulgarie.*)

Art. 2

Constantinople est la capitale de l'Empire ottoman.

Cette ville ne possède, à l'exclusion des autres villes de l'Empire, aucun privilège ni immunité qui lui soit propre.

(*Stamboul est privilégiée de l'état de siège depuis le 24 avril 1909 à seule fin de maintenir l'autorité du Comité* Union et Progrès.)

1. Elle a été octroyée par Abdul-Hamid II, le 23 décembre 1876. Violée dès sa promulgation par Midhat pacha et ses partisans, elle fut suspendue le 14 février 1878. Derechef promulguée par Abdul-Hamid II, le 24 juillet 1908, elle est de nouveau violée par les midhatistes. Abdul-Hamid II, déposé le 27 mai 1909, son frère puîné et successeur Mehmed V, jure fidélité à la même

Art. 3

La souveraineté ottomane, qui réunit dans la personne du Souverain le califat suprême de l'islamisme appartient à l'aîné des princes de la dynastie d'Osman, conformément aux règles établies *ab antiquo*.

(*L'aîné de la famille est Abdul-Hamid II. Donc c'est à lui de régner, puisque sa déposition a été injuste et illégale.*)

Art. 4

Sa Majesté le sultan est, à titre de calife suprême, le protecteur de la religion musulmane.

Il est le Souverain et le padischah de tous les Ottomans.

(*La souveraineté du sultan Mehmed V est purement nominale. Elle n'a d'existence que sur le papier.*)

Art. 5

Sa Majesté le sultan est irresponsable ; Sa Personne est sacrée.

(*Pourquoi alors avoir déposé Abdul-Hamid ?*)

Art. 6

La liberté des membres de la Dynastie impériale ottomane, leurs biens personnels, immobiliers et mobi-

Constitution, mais les Jeunes-Turcs perturbateurs continuent à la fouler aux pieds avec le concours intéressé de la franc-maçonnerie internationale.

liers, leur liste civile pendant toute leur vie, sont sous la garantie de tous.

(*Et l'extorsion de la fortune d'Abdul-Hamid, et sa séquestration dans la cité juive, Salonique !*)

Art. 7

Sa Majesté le sultan compte au nombre de ses droits souverains les prérogatives suivantes :

Il nomme et révoque les ministres ; il confère les grades, les fonctions et les insignes de ses ordres ; il donne l'investiture aux chefs des provinces privilégiées, dans les formes déterminées par les privilèges qui leur ont été concédés ; il fait frapper la monnaie ; son nom est prononcé dans les mosquées pendant la prière publique ; il conclut les traités avec les puissances ; il déclare la guerre ; il fait la paix ; il commande les armées de terre et de mer ; il ordonne les mouvements militaires ; il fait exécuter les dispositions du Chéri et des lois ; il fait les règlements d'administration publique ; il remet ou commue les peines prononcées par les tribunaux criminels ; il convoque et proroge l'Assemblée générale, il dissout, s'il le juge nécessaire, la Chambre des députés, sauf à faire procéder à la réélection des députés.

(*Sauf pour les prérogatives de forme, toutes celles qui sont énumérées dans cet article sont l'apanage de la loge* Union et Progrès.)

DU DROIT PUBLIC DES OTTOMANS

Art. 8

Tous les sujets de l'Empire sont indistinctement appelés Ottomans, quelle que soit la religion qu'ils professent.

La qualité d'Ottoman s'acquiert et se perd suivant les cas spécifiés par la loi.

Art. 9

Tous les Ottomans jouissent de la liberté individuelle, à la condition de ne pas porter atteinte à la liberté d'autrui.

(*Violé. Voir à tous les chapitres.*)

Art. 10

La liberté individuelle est absolument inviolable.

Nul ne peut, sous aucun prétexte, subir une peine quelconque, que dans les cas déterminés par la loi et suivant les formes qu'elle prescrit.

(*Violé. Voir particulièrement chapitre X.*)

Art. 11

L'islamisme est la religion de l'État. Tout en sauvegardant ce principe, l'État protège le libre exercice de tous les cultes reconnus dans l'Empire, et maintient les privilèges religieux accordés aux diverses communautés, à la condition qu'il ne soit pas porté atteinte à l'ordre public ou aux bonnes mœurs.

(*Les privilèges des ulémas ont été violés notamment lorsque M. Chevket pacha a fait exécuter les insurgés des journées d'avril sans la sanction du cheik-ul-Islam.*)

Art. 12

La presse est libre dans les limites tracées par la loi.

(*La presse est libre, oui. Avec censure préventive*

exercée par le Comité et la répression par les conseils de guerre.)

Art. 13

Les Ottomans ont la faculté de former des associations commerciales, industrielles ou agricoles, dans les limites déterminées par les lois et les règlements.

(*La formation de l'association secrète* Union et Progrès *est, nous croyons, une violation suffisante de ce fatidique article 13.*)

Art. 14

Une ou plusieurs personnes appartenant à la nationalité ottomane ont le droit de présenter des pétitions à l'autorité compétente au sujet d'infractions aux lois ou règlements, commises soit à leur préjudice personnel, soit au préjudice de l'intérêt public, et pourront également adresser, sous forme de réclamation, des pétitions signées à l'Assemblée générale ottomane pour se plaindre de la conduite des fonctionnaires ou employés de l'État.

(*Pour avoir voulu exercer le droit conféré par cet article, d'intrépides patriotes ont été assassinés aux coins des rues.*)

Art. 15

L'enseignement est libre.

Chaque Ottoman peut faire des cours publics ou privés, à la condition de se conformer aux lois.

(*Pour faire des cours publics ou privés, il faut depuis un an une autorisation du Comité* Union et Progrès.)

Art. 16

Toutes les écoles sont placées sous la surveillance de l'État.

Il sera avisé aux moyens propres à unifier et à régulariser l'enseignement donné à tous les Ottomans; mais il ne pourra être porté atteinte à l'enseignement religieux des diverses communautés.

(*Dans toutes les villes de Roumélie, il est porté atteinte à l'enseignement religieux musulman et non-musulman dans les écoles dépendant du Comité.*)

Art. 17

Tous les Ottomans sont égaux devant la loi.

Ils ont les mêmes droits et les mêmes devoirs envers le pays, sans préjudice de ce qui concerne la religion.

(*Tous les Ottomans sont égaux devant la loi s'ils sont membres du Comité ou s'ils observent envers lui une neutralité complaisante.*)

Art. 18

L'admission aux fonctions publiques a pour condition la connaissance du turc, qui est la langue officielle de l'État.

Art. 19

Tous les Ottomans sont admis aux fonctions publiques, suivant leur aptitude, leur mérite et leur capacité.

(*Pour être admis aux fonctions publiques lucratives, avant l'aptitude, le mérite et la capacité, il faut l'exequatur du Comité.*)

Art. 20

L'assiette et la répartition des impôts s'établira, conformément aux lois et aux règlements spéciaux, en proportion de la fortune de chaque contribuable.

Nous connaissons des contribuables qui, depuis deux ans, sont exemptés de tous impôts, pour services particuliers rendus au Comité.)

Art. 21

La propriété, immobilière et mobilière, régulièrement établie, est garantie.

Aucune expropriation ne peut avoir lieu que pour cause d'utilité publique dûment constatée et contre paiement préalable, conformément à la loi, de la valeur de l'immeuble à exproprier.

(*Armés de ce malheureux article, de loyaux fonctionnaires du régime déchu, — [il y a des braves gens sous tous les régimes], — réclament vainement justice.*)

Art. 22

Le domicile est inviolable.

L'autorité ne peut pénétrer de force dans le domicile de qui que ce soit, que dans les cas déterminés par la loi.

(*Violé. Voir à tous les chapitres.*)

Art. 23

Nul ne peut être astreint à comparaître devant un tribunal autre que le tribunal compétent, suivant la loi de procédure qui sera édictée.

(*Violé.*)

Art. 24

La confiscation des biens, la corvée et le *djérimé* (exaction sous forme de pénalité pécuniaire) sont prohibées.

Toutes les contributions levées légalement en temps de guerre et les mesures nécessitées par l'état de guerre, sont exceptées de cette disposition.

(*Violé.*)

Art. 25

Aucune somme d'argent ne peut être perçue à titre d'impôt ou de taxe, ou sous toute autre dénomination, qu'en vertu d'une loi.

(*Violé.*)

Art. 26

La torture et la question, sous toutes les formes, sont complètement et absolument prohibées.

(Les instruments de torture sont exhibés dans les chambres des conseils de guerre. C'est la cangue, la cravache. Tous les accusés politiques soupçonnés de cacher la vérité sur les crimes qu'on leur impute subissent la torture.)

DES MINISTRES

Art. 27

Sa Majesté le sultan investit de la charge de grand vizir et de celle de cheik-ul-Islam, les personnages que sa haute confiance croit devoir y appeler.

La nomination des autres ministres a lieu par iradèh (ordonnance) impérial.

(*Lisez Sa Majesté le Comité investit de la charge...*)

Art. 28

Le Conseil des ministres se réunit sous la présidence du grand vizir.

Les attributions du Conseil des ministres comprennent toutes les affaires importantes, intérieures ou extérieures, de l'État.

Celles de ses délibérations qui doivent être soumises à Sa Majesté le sultan, sont rendues exécutoires par iradèh impérial.

(Violé.)

Art. 29

Chaque chef de département ministériel administre, dans la limite de ses attributions, les affaires qui ressortissent à son département.

Pour celles qui dépassent cette limite, il en réfère au grand vizir.

Le grand vizir donne suite aux rapports qui lui sont adressés par les chefs des divers départements, soit en les déférant, s'il y a lieu, au Conseil des ministres et ensuite en les présentant à la sanction impériale, soit, dans le cas contraire, en statuant lui-même ou en les soumettant à la décision de Sa Majesté le sultan.

Un règlement spécial déterminera ces diverses catégories d'affaires pour chaque département ministériel.

(Violé.)

Art. 30

Les ministres sont responsables des faits ou actes de leur gestion.

(*Oui, les ministres sont responsables, mais devant la loge* Union et Progrès.)

Art. 31

Si un ou plusieurs membres de la Chambre des députés veulent porter plainte contre un ministre, à raison de sa responsabilité et à l'occasion des faits que la Chambre a le droit de connaître, la demande contenant la plainte est remise au président, qui la renvoie, dans les trois jours, au bureau chargé, en vertu du règlement intérieur, d'examiner la plainte et de décider s'il y a lieu de la soumettre aux délibérations de la Chambre.

La décision du bureau est prise à la majorité des voix, après que les renseignements nécessaires ont été obtenus et que des explications ont été fournies par le ministre en cause.

Si le bureau est d'avis de soumettre la plainte à la Chambre, le rapport constatant cette décision est lu en séance publique, et la Chambre, après avoir entendu les explications du ministre en cause appelé à assister à la séance, ou de son délégué, vote, à la majorité absolue des deux tiers des voix, sur les conclusions du rapport.

En cas d'adoption de ces conclusions, une adresse, demandant la mise en jugement du ministre en cause, est transmise au grand vizir qui la soumet à la sanction de Sa Majesté le sultan, et le renvoi devant la Haute Cour a lieu en vertu d'un iradèh impérial.

(*Violé.*)

Art. 32

Une loi spéciale déterminera la procédure à suivre pour le jugement des ministres.

Art. 33

Il n'existe aucune différence entre les ministres et les particuliers en ce qui concerne les procès privés et qui sont en dehors de leurs fonctions.

Les procès de ce genre sont déférés à la juridiction ordinaire.

(*Violé.*)

Art. 34

Le ministre dont la mise en jugement a été prononcée par la Chambre d'accusation de la Haute Cour, est suspendu de ses fonctions jusqu'à ce qu'il ait été déchargé de l'accusation portée contre lui.

(*Violé.*)

Art. 35

En cas de rejet, par un vote motivé de la Chambre des députés, d'un projet de loi pour l'adoption duquel le ministre croit devoir insister, Sa Majesté le sultan ordonne, dans l'exercice de sa souveraineté, soit le changement du ministère, soit la dissolution de la Chambre, à charge de réélection des députés dans le délai fixé par la loi.

(*Violé.*)

Art. 36

En cas de nécessité urgente, si l'Assemblée générale n'est pas réunie, le ministère peut prendre des dispositions en vue de prémunir l'État contre un danger ou de sauvegarder la sécurité publique.

Ces dispositions, sanctionnées par iradèh impérial, ont provisoirement force de loi, si elles ne sont pas contraires à la Constitution.

Elles doivent être soumises à l'Assemblée générale dès que celle-ci est réunie.

(*Violé.*)

Art. 37

Chaque ministre a le droit d'assister aux séances du Sénat et de la Chambre des députés ou de s'y faire représenter par un fonctionnaire supérieur de son département.

Il a également le droit d'être entendu avant tout membre de la Chambre qui aurait demandé la parole.

(*Cet article a été violé sous le ministère de Kiamil pacha, le 13 février 1909. Kiamil pacha grand vizir alors, fut renversé sans être entendu.*)

Art. 38

Lorsqu'à la suite d'une décision prise à la majorité des voix, un ministre est invité à se rendre à la Chambre des députés pour fournir des explications, il est tenu de répondre aux questions qui lui sont adressées, soit en se présentant personnellement, soit en déléguant un fonctionnaire supérieur de son département.

Néanmoins il a le droit d'ajourner sa réponse, s'il le juge nécessaire, en prenant sur lui la responsabilité de cet ajournement.

(*Même violation qu'à l'article précédent.*)

DES FONCTIONNAIRES PUBLICS

Art. 39

Toutes les nominations aux diverses fonctions publiques auront lieu conformément aux règlements, qui détermineront les conditions de mérite et de capacité exigées pour l'admission aux emplois de l'État.

Tout fonctionnaire nommé dans ces conditions ne pourra être révoqué ou changé :

S'il n'est pas prouvé que sa conduite justifie légalement sa révocation.

S'il n'a pas donné sa démission, ou bien encore si sa révocation n'est pas jugée indispensable par le gouvernement.

Les fonctionnaires qui auront fait preuve de bonne conduite et d'honnêteté, ainsi que ceux dont la mise en disponibilité aura été jugée indispensable par le gouvernement, auront droit soit à l'avancement, soit à la pension de retraite, soit au traitement de disponibilité, conformément aux dispositions qui seront déterminées par un règlement spécial.

(*Violé.*)

Art. 40

Les attributions des différentes fonctions seront fixées par des règlements spéciaux.

Chaque fonctionnaire est responsable dans la limite de ses attributions.

(*Les fonctionnaires ne sont responsables, en réalité, que devant le Comité* Union et Progrès.)

Art. 41

Tout fonctionnaire est tenu de respecter son supérieur ; mais l'obéissance n'est due qu'aux ordres donnés dans les limites tracées par la loi.

Pour les actes contraires à la loi, le fait d'avoir obéi à un supérieur ne peut dégager la responsabilité du fonctionnaire qui les a exécutés.

(*Violé. La loi à respecter, ce sont les réglements du Comité.*)

DE L'ASSEMBLÉE GÉNÉRALE

Art. 42

L'Assemblée générale se compose de deux Chambres: la Chambre des seigneurs au Sénat et la Chambre des députés.

Art. 43

Les deux Chambres se réunissent le 1er novembre de chaque année ; l'ouverture a lieu par iradèh impérial.

La clôture, fixée au 1er mars suivant, a également lieu en vertu d'un iradèh impérial.

Aucune des deux Chambres ne peut se réunir hors le temps de session de l'autre Chambre.

Art. 44

Sa Majesté le sultan peut, suivant l'exigence des circonstances, avancer l'époque de l'ouverture et abréger ou prolonger la session.

Art. 45

La solennité de l'ouverture a lieu en présence de Sa Majesté le sultan, soit en personne, soit représenté par le grand vizir et en présence des ministres et des membres des deux Chambres.

Il est donné lecture d'un discours impérial exposant la situation intérieure de l'Empire et l'état de ses relations extérieures dans le cours de l'année écoulée, et indiquant les mesures dont l'adoption, pour l'année suivante, est jugée nécessaire.

Art. 46

Tous les membres de l'Assemblée générale prêtent le serment d'être fidèles à Sa Majesté le sultan et à la patrie, d'observer la Constitution, de remplir le mandat qui leur est confié et de s'abstenir de tout acte contraire à ces devoirs.

La prestation du serment a lieu pour les nouveaux membres à l'ouverture de la session, en présence du grand vizir et, après l'ouverture, en présence de leurs présidents respectifs et en séance publique de la Chambre dont ils font partie.

(*Violé.*)

Art. 47

Les membres de l'Assemblée générale sont libres dans l'émission de leurs opinions ou de leurs votes.

Aucun d'eux ne peut être lié par des instructions ou promesses ni influencé par des menaces.

Il ne peut être poursuivi pour les opinions ou les votes émis par lui au cours des délibérations de la Chambre dont il fait partie, à moins qu'il n'ait contrevenu au règlement intérieur de cette Chambre, auquel cas les dispositions édictées par le règlement lui sont appliquées.

(*Violé.*)

Art. 48

Tout membre de l'Assemblée générale qui, à la majorité absolue des deux tiers de la Chambre dont il fait partie, est accusé de trahison, de tentative de violation de la Constitution ou de concussion, ou qui a été frappé légalement d'une condamnation à l'emprisonnement ou à l'exil, est déchu de sa qualité de sénateur ou de député.

Le jugement et l'application de la peine appartiennent au tribunal compétent.

(*Faire de l'opposition passive à la Chambre ou au Sénat est une faute grave vis-à-vis du Comité. Faire de l'opposition active dans le sein de ces Chambres, dénoncer les méfaits des membres de la loge* Union et Progrès *est un crime. On risque dans ce dernier cas la liberté et même la vie.*)

Art. 49

Chaque membre de l'Assemblée générale émet son vote en personne. Il a le droit de s'abstenir au moment du vote.

(*Violé.*)

Art. 50

Nul ne peut être à la fois membre des deux Chambres.

Art. 51

Aucune délibération ne peut avoir lieu dans l'une ou l'autre Chambre, qu'autant que la moitié plus un de ses membres se trouvent réunis.

Hors le cas où la majorité des deux tiers est requise, toute résolution est prise à la majorité absolue des membres présents. En cas de partage, la voix du président est prépondérante.

Art. 52

Toute pétition relative à des intérêts privés, présentée à l'une ou à l'autre Chambre, est rejetée si les recherches auxquelles elle donne lieu ont eu pour résultat de constater que le pétitionnaire ne s'est pas adressé en premier lieu aux fonctionnaires publics que la demande concerne, ou à l'autorité de laquelle relèvent ces fonctionnaires.

(*Violé.*)

Art. 53

L'initiative de la proposition d'une loi ou de la modification d'une loi existante appartient au ministère.

Le Sénat et la Chambre des députés peuvent aussi demander une nouvelle loi ou la modification d'une loi existante sur des matières comprises dans leurs attributions.

Dans ce dernier cas, la demande est soumise par le grand vizir à Sa Majesté le sultan, et, s'il y a lieu, le Conseil d'État est chargé, en vertu d'un iradèh impérial, de préparer le projet de loi qui fait l'objet de la proposition, sur les renseignements et éclaircissements fournis par les départements compétents.

(*Toute proposition ou modification de loi doit émaner du Comité* Union et Progrès *ou avoir son acquiescement.*)

Art. 54

Les projets de loi élaborés par le Conseil d'État sont soumis, en premier lieu, à la Chambre des députés, et, en second lieu, au Sénat.

Ces projets n'ont force de loi que si, après avoir été adoptés par les deux Chambres, ils sont sanctionnés par iradèh impérial.

Tout projet de loi définitivement rejeté par l'une des deux Chambres ne peut être soumis à une nouvelle délibération dans le cours de la même session.

(*Violé.*)

Art. 55

Un projet de loi n'est pas considéré comme adopté

s'il n'a été voté successivement par la Chambre des députés et le Sénat, à la majorité des voix, article par article, et si l'ensemble du projet n'a réuni la majorité des voix dans chacune des deux Chambres.

(*Violé.*)

Art. 56

A l'exception des ministres, de leurs délégués et des fonctionnaires convoqués par une invitation spéciale, nul ne peut être introduit dans l'une ou l'autre Chambre, ni admis à faire une communication quelconque, soit qu'il se présente en son nom, soit comme représentant un groupe d'individus.

(*Violé.*)

Art. 57

Les délibérations de la Chambre ont lieu en langue turque.

Les projets sont imprimés et distribués avant le jour fixé pour la discussion.

Art. 58

Les votes sont émis : par appel nominal, par des signes de manifestation extérieure, ou par voie de scrutin secret.

Le vote au scrutin secret est subordonné à une décision de la Chambre, prise à la majorité des membres présents.

Art. 59

La police intérieure de chaque Chambre est exercée par son président.

(*La police intérieure des Chambres est sous la direction réelle des officiers du Comité.*)

DU SÉNAT

Art. 60

Le président et les membres du Sénat sont nommés directement par Sa Majesté le sultan.

Le nombre des sénateurs ne peut pas excéder le tiers des membres de la Chambre des députés.

(*Le nombre des sénateurs est de 40 actuellement. Un tiers est affilié au Comité. Sauf quelques-uns, tous les membres de cette Assemblée ont été imposés au sultan le lendemain de la Révolution.*)

Art. 61

Pour pouvoir être nommé sénateur, il faut :

S'être rendu, par ses actes, digne de la confiance publique ou avoir rendu des services signalés à l'État ; être âgé d'au moins quarante ans.

Art. 62

Les sénateurs sont nommés à vie.

La dignité de sénateur peut être conférée aux personnages en disponibilité ayant exercé les fonctions de ministre, gouverneur général, commandant de corps d'armée, cazi-asker, ambassadeur ou ministre plénipotentiaire, patriarche, khakham-bachi, aux généraux de division des armées de terre et de mer, et, en général, aux personnes réunissant les conditions requises.

Les membres du Sénat appelés, sur leur demande, à d'autres fonctions, perdent leur qualité de sénateurs.

Art. 63

Le traitement de sénateur est fixé à la somme mensuelle de 10.000 piastres.

Le sénateur qui reçoit du Trésor un traitement ou des allocations à un autre titre, n'a droit qu'au complément, si leur montant est inférieur à 10.000 piastres.

Si le chiffre est égal ou supérieur au traitement de sénateur, il continue d'en toucher le montant.

(*Dix mille piastres équivalent à 2.300 francs.*)

Art. 64

Le Sénat examine les projets de loi ou de budget qui lui sont transmis par la Chambre des députés.

Si, dans le cours de l'examen d'un projet de loi, le Sénat relève une disposition contraire aux droits souverains de Sa Majesté le sultan, à la Liberté, à la Constitution, à l'intégrité territoriale de l'Empire, à la sûreté intérieure du pays, à l'intérêt de la défense de la patrie ou aux bonnes mœurs, il le rejette définitivement par un vote motivé, ou il le renvoie, accompagné de ses observations, à la Chambre des députés, en demandant qu'il soit amendé ou modifié dans le sens de ses observations.

Les projets de lois adoptés par le Sénat sont revêtus de son approbation et transmis au grand vizir.

Le Sénat examine les pétitions qui lui sont présentées ; il transmet au grand vizir celles de ces pétitions qu'il croit mériter ce renvoi, en les accompagnant de ses observations.

(*Le Sénat se trouve dans l'impossibilité d'exercer ses droits : d'abord parce que le Comité est systématiquement hostile à tout contrepoids qui vient d'en haut ; ensuite, par crainte du régime de l'état de siège.*)

DE LA CHAMBRE DES DÉPUTÉS

Art. 65

Le nombre des députés est fixé à raison d'un député par cinquante mille individus du sexe masculin appartenant à la nationalité ottomane.

Art. 66

L'élection a lieu au scrutin secret. Le mode d'élection sera déterminé par une loi spéciale.

Art. 67

Le mandat de député est incompatible avec les fonctions publiques, à l'exception de celles de ministre.

Tout autre fonctionnaire public élu à la députation est libre de l'accepter ou de la refuser ; mais, en cas d'acceptation, il doit résigner ses fonctions.

Art. 68

Ne peuvent être élus députés :

1° Ceux qui n'appartiennent pas à la nationalité ottomane ;

2° Ceux qui, en vertu du règlement spécial en vigueur, jouissent des immunités attachées au service étranger qu'ils exercent ;

3° Ceux qui ne connaissent pas le turc ;

(*Violé. La langue employée aux Chambres est le turc. Or, il y a des députés qui ne parlent même pas cette langue.*)

4° Ceux qui n'ont pas l'âge de trente ans révolus ;

5° Les gens attachés au service d'un particulier ;

6° Les faillis non réhabilités ;

7° Ceux qui sont notoirement déconsidérés par leur conduite;

(*Violé.*)

8° Les individus qui ont été frappés d'interdiction judiciaire;

9° Ceux qui ne jouissent pas de leurs droits civils;

10° Ceux qui prétendent appartenir à une nationalité étrangère.

(*Violé.*)

Après l'expiration d'une période de quatre années, l'une des conditions de l'éligibilité à la députation sera de savoir lire le turc et, autant que possible, écrire dans cette langue.

Art. 69

Les élections générales ont lieu tous les quatre ans.

Le mandat de chaque député ne dure que quatre ans; mais il est rééligible.

Art. 70

Les élections générales commencent, au plus tard, quatre mois avant le 1er novembre, qui est le jour fixé pour la réunion de la Chambre.

Art. 71

Chaque membre de la Chambre des députés représente l'universalité des Ottomans, et non exclusivement la circonscription qui l'a élu.

Art. 72

Les électeurs sont tenus de choisir leurs députés parmi les habitants de la province à laquelle ils appartiennent.

(*Violé.*)

Art. 73

En cas de dissolution de la Chambre par iradèh impérial les élections générales doivent commencer en temps nécessaire pour que la Chambre puisse se réunir de nouveau, au plus tard, dans les six mois de la date de la dissolution.

Art. 74

En cas de décès, d'interdiction judiciaire, d'absence prolongée, de perte de la qualité de député, résultant d'une condamnation ou de l'acceptation de fonctions publiques, il est procédé à un remplacement, conformément aux prescriptions de la loi électorale, et dans un délai tel que le nouveau député puisse exercer son mandat, au plus tard, dans la session suivante.

Art. 75

Le mandat des députés élus pour remplir une place vacante ne dure que jusqu'aux prochaines élections générales.

Art. 76

Il est alloué par le Trésor, à chaque député, 20.000 piastres par session et ses frais de voyage pour l'aller et le retour.

Le chiffre de ces frais sera établi conformément aux dispositions du règlement qui régit les indemnités de route payées aux fonctionnaires civils de l'État, et calculé sur la base d'un traitement mensuel de 5.000 piastres.

(*L'allocation de 20.000 piastres équivaut à 4.600 francs.*)

Art. 77

Le président et les deux vice-présidents de la Chambre des députés sont choisis par Sa Majesté le sultan, sur une liste de neuf candidats, élus par la Chambre, à la majorité des voix, dont trois pour la présidence, trois pour la première vice-présidence et trois pour la deuxième vice-présidence.

La nomination du président et des vice-présidents a lieu par iradèh impérial.

(*Toutes ces nominations ont eu lieu sous la pression du Comité.*)

Art. 78

Les séances de la Chambre des députés sont publiques.

Toutefois, la Chambre pourra se former en Comité secret si la proposition en est faite par les ministres, ou par le président, ou par quinze membres, et cette proposition est votée en Comité secret.

Art. 79

Aucun député ne peut, pendant la durée de la session, être arrêté ou poursuivi, sauf le flagrant délit, que sur une décision prise par la majorité de la Chambre accordant l'autorisation de poursuivre.

Art. 80

La Chambre des députés discute les projets de loi qui lui sont soumis.

Elle adopte, amende ou rejette les dispositions concernant les finances ou la Constitution.

Elle examine en détail les dépenses générales de l'État comprises dans la loi du budget, et en arrête le montant avec les ministres.

Elle détermine également, d'accord avec les ministres, la nature, le montant et le mode de répartition et de réalisation des recettes destinées à faire face aux dépenses.

(*La Chambre en réalité ne fait que ratifier toutes les décisions qui ont été prises par le Comité* Union et Progrès, *même si ces volontés sont contraires à la Constitution.*)

DU POUVOIR JUDICIAIRE

Art. 81

Les juges, nommés conformément à la loi spéciale sur cette matière et munis du brevet d'investiture (*bérat*), sont inamovibles ; mais ils peuvent donner leur démission.

L'avancement des juges, dans l'ordre hiérarchique, leur déplacement, leur mise à la retraite, leur révocation, en cas de condamnation judiciaire, sont soumis aux dispositions de la même loi.

Cette loi détermine les conditions et qualités requises pour exercer les fonctions de juge ou les autres fonctions de l'ordre judiciaire.

(*Les juges sont nommés, suspendus, révoqués par décision du Comité.*)

Art. 82

Les audiences de tous les tribunaux sont publiques.

La publication des jugements est autorisée.

Toutefois, dans les cas spécifiés par la loi, le tribunal peut tenir l'audience à huis clos.

(*Cet article a été violé particulièrement dans les procès des insurgés d'avril 1909.*)

Art. 83

Tout individu peut, dans l'intérêt de sa défense, faire usage devant le tribunal des moyens permis par la loi.

(*Même observation qu'à l'article précédent.*)

Art. 84

Aucun tribunal ne peut se refuser, sous quelque prétexte que ce soit, à juger une affaire qui est de sa compétence.

Il ne peut non plus en arrêter ou en ajourner le jugement, après qu'il a commencé à procéder à l'examen ou à l'instruction, à moins qu'il n'y ait désistement de la part du demandeur.

Toutefois, en matière pénale, l'action publique continue à s'exercer conformément à la loi, dans le cas même où le demandeur s'est désisté.

(*Violé.*)

Art. 85

Chaque affaire est jugée par le tribunal auquel cette affaire ressortit.

(*Violé.*)

Les procès entre les particuliers et l'État sont de la compétence des tribunaux ordinaires.

Art. 86

Aucune ingérence ne peut être exercée dans les tribunaux.

(*Violé.*)

Art. 87

Les affaires concernant le Chéri sont jugées par les tribunaux du Chéri ; le jugement des affaires civiles appartient aux tribunaux civils.

Art. 88

Les diverses catégories de tribunaux, leur compétence, leurs attributions et les émoluments des juges sont réglés par les lois.

Art. 89

En dehors des tribunaux ordinaires, il ne peut être institué, sous quelque dénomination que ce soit, de tribunaux extraordinaires, ni de commissions pour juger certaines affaires spéciales.

(*Violé.*)

Toutefois, l'arbitrage (*takkin*) et la nomination de muvella (*juge délégué*) sont permis dans les formes déterminées par la loi.

Art. 90

Aucun juge ne peut cumuler ses fonctions avec d'autres fonctions rétribuées par l'État.

Art. 91

Il est institué des procureurs impériaux chargés d'exercer l'action publique.

Leurs attributions et leur hiérarchie seront fixées par la loi.

DE LA HAUTE COUR

Art. 92

La Haute Cour est formée de trente membres, dont dix sénateurs, dix conseillers d'État et dix membres choisis parmi les présidents et les membres de la Cour de cassation et de la Cour d'appel.

Tous les membres sont désignés par le sort.

La Haute Cour est convoquée, lorsqu'il y a lieu, par iradèh impérial et se réunit à l'hôtel du Sénat.

Ses attributions consistent à juger :

Les ministres ;

Le président et les membres de la Cour de cassation ;

Et toutes autres personnes accusées de crimes de lèse-majesté ou d'attentat contre la sûreté de l'État.

Art. 93

La Haute Cour se compose de deux Chambres : la Chambre d'accusation et la Chambre de jugement.

La Chambre d'accusation est formée de neuf membres désignés par le sort parmi les membres de la Haute Cour, et dont trois sénateurs, trois conseillers d'État et trois membres de la Cour de cassation ou de la Cour d'appel.

Art. 94

Le renvoi devant la Chambre de jugement est prononcé par la Chambre d'accusation, à la majorité des deux tiers de ses membres.

Les membres appartenant à la Chambre d'accusation ne peuvent prendre part aux délibérations de la Chambre de jugement.

Art. 95

La Chambre de jugement est formée de vingt et un membres, dont sept sénateurs, sept conseillers d'État et sept membres de la Cour de cassation ou de la Cour d'appel.

Elle juge, à la majorité des deux tiers de ses membres et conformément aux lois en vigueur, les procès qui lui sont renvoyés par la Chambre d'accusation.

Ses jugements ne sont susceptibles ni d'appel, ni de recours en cassation.

DES FINANCES

Art. 96

Aucun impôt au profit de l'État ne peut être établi, réparti, ni perçu, qu'en vertu d'une loi.

(*Violé.*)

Art. 97

Le budget est la loi qui contient les prévisions des recettes et des dépenses de l'État.

Les impôts au profit de l'État sont régis par cette loi, quant à leur assiette, leur répartition et leur perception.

Art. 98

L'examen et le vote, par l'Assemblée générale, de la loi du budget, a lieu par articles.

Les tableaux annexes, comprenant le détail des recettes et dépenses, sont divisés en sections, chapitres et articles, conformément au modèle défini par les règlements.

Ces tableaux sont votés par chapitres.

(*Violé.*)

Art. 99

Le projet de loi du budget est soumis à la Chambre des députés immédiatement après l'ouverture de la session, afin de rendre possible sa mise à exécution à partir du commencement de l'exercice auquel il se rapporte.

(*L'année financière commence en Turquie le 1/13 mars.*)

Art. 100

Aucune dépense extra-budgétaire ne peut être effectuée sur les fonds de l'État qu'en vertu d'une loi.
(*Violé.*)

Art. 101

En cas d'urgence motivée par des circonstances extraordinaires, les ministres peuvent, pendant l'absence de l'Assemblée générale, créer, par iradèh impérial, les ressources nécessaires et effectuer une dépense non prévue au budget, à la condition d'en saisir l'Assemblée générale par un projet de loi, au début de sa plus prochaine réunion.
(*Violé.*)

Art. 102

Le budget est voté pour un an ; il n'a force de loi que pour l'année à laquelle il se rapporte.

Toutefois, si par suite de circonstances exceptionnelles la Chambre des députés est dissoute avant le vote du budget, les ministres peuvent, par un arrêté pris en vertu d'un iradèh impérial, appliquer le budget de l'année précédente jusqu'à la session prochaine, sans que l'application provisoire de ce budget puisse dépasser le terme d'une année.

Art. 103

La loi de règlement définitif du budget indique le montant des recettes réalisées et des paiements effectués sur les revenus et les dépenses de l'année à laquelle elle se rapporte.

Sa forme et ses divisions doivent être les mêmes que celles du budget.

Art. 104

Le projet de loi de règlement définitif est soumis à la Chambre des députés, au plus tard dans le terme de quatre ans, à partir de la fin de l'année à laquelle il se rapporte.

Art. 105

Il sera institué une Cour des comptes chargée de l'examen des opérations des comptables de finances, ainsi que des comptes annuels dressés par les divers départements ministériels.

Elle adressera chaque année à la Chambre des députés un rapport spécial comprenant le résultat de ses travaux, accompagné de ses observations.

A la fin de chaque trimestre, elle présentera à Sa Majesté le sultan, par l'intermédiaire du grand vizir, un rapport contenant l'exposé de la situation financière.

Art. 106

La Cour des comptes sera composée de douze membres inamovibles, nommés par iradèh impérial. (*Violé.*)

Aucun d'eux ne pourra être révoqué sans que la proposition motivée de sa révocation ne soit approuvée par une décision de la Chambre des députés, prise à la majorité des voix.

Art. 107

Les conditions et qualités exigées des membres de la Cour des comptes, le détail de leurs attributions, les règles applicables en cas de démission, de remplacement, d'avancement et de mise à la retraite, ainsi que celles relatives à l'organisation des bureaux de la Cour, seront déterminés par une loi spéciale.

DE L'ADMINISTRATION PROVINCIALE

Art. 108

L'administration des provinces aura pour base le principe dela décentralisation.

Les détails de cette organisation seront fixés par uneloi.

Art. 109

Une loi spéciale réglera sur des bases plus larges, l'élection des conseils administratifs de province, de district et de canton, ainsi que celle du Conseil général, qui se réunit annuellement au chef-lieu de chaque province.

(*Province* vilayet; *district* sandjak; *canton* caza.)

Art. 110

Les attributions du Conseil général provincial seront fixées par la même loi spéciale, et elles comprendront :

La faculté de délibérer sur les objets d'utilité publique, tels que l'établissement de voies de communication, l'organisation des Caisses de crédit agricole, le développement de l'industrie, du commerce et de l'agriculture et la propagation de l'instruction publique ;

Le droit de porter plainte aux autorités compétentes pour obtenir le redressement des faits ou actes commis en contravention des lois et règlements, soit dans la répartition oula perception des impôts, soit en toute autre matière.

Art. 111

Il y aura dans chaque caza un Conseil afférent à chacune des différentes communautés. Ce Conseil sera chargé de contrôler :

1° L'administration des revenus des immeubles et des fonds vakoufs (*fondations pieuses*) dont la destination spéciale est fixée par les dispositions expresses des fondateurs ou par l'usage ;

2° L'emploi des fonds ou des biens affectés, par disposition testamentaire, à des actes de charité ou de bienfaisance ;

3° L'administration des fonds des orphelins, conformément au règlement spécial qui régit la matière.

Chaque Conseil sera composé de membres élus par la Communauté qu'il représente, conformément aux règlements spéciaux à établir.

Ces conseils relèveront des autorités locales ou des conseils généraux de province.

Art. 112

Les affaires municipales seront administrées, à Constantinople et dans les provinces, par des conseils municipaux élus.

L'organisation des Conseils municipaux, leurs attributions et le mode d'élection de leurs membres, seront déterminés par une loi spéciale.

DISPOSITIONS DIVERSES

Art. 113

En cas de constatation de faits ou d'indices de nature à faire prévoir des troubles sur un point du territoire de l'Empire, le gouvernement impérial a le droit d'y proclamer l'état de siège.

Les effets de l'état de siège consistent dans la suspension temporaire des lois civiles.

Le mode d'administration des localités soumises au régime de l'état de siège sera réglé par une loi spéciale.

A Sa Majesté le sultan appartient le pouvoir exclusif d'expulser du territoire de l'Empire ceux qui, à la suite d'informations dignes de confiance recueillies par l'administration de la police, sont reconnus, comme portant atteinte à la sûreté de l'État.

(*Violé.*)

Art. 114

L'instruction primaire sera obligatoire pour tous les Ottomans.

Les détails d'application seront déterminés par une loi spéciale.

(*Violé.*)

Art. 115

Aucune disposition de la Constitution ne peut, sous quelque prétexte que ce soit, être suspendue ou délaissée.

(*Violé.*)

Art. 116

En cas de nécessité, dûment constatée, la Constitution peut être modifiée dans quelques-unes de ses dispositions. Cette modification est subordonnée aux conditions suivantes :

Toute proposition de modification présentée, soit par le ministère, soit par l'une ou l'autre Chambre, devra être soumise, en premier lieu, aux délibérations de la Chambre des députés.

Si la proposition est approuvée à la majorité des deux tiers des membres de cette Chambre, elle sera transmise au Sénat.

Dans le cas où le Sénat adopterait également la modification proposée à la majorité des deux tiers des sénateurs, elle sera soumise à la sanction de Sa Majesté le sultan.

Si elle est sanctionnée par iradèh impérial, elle aura force de loi.

Toute disposition de la Constitution faisant l'objet d'une proposition de modification reste en vigueur jusqu'au moment où la proposition, après avoir subi l'épreuve des délibérations des Chambres, a été sanctionnée par iradèh impérial.

(*Voir les notes des articles 48, 53, 59.*)

Art. 117

L'interprétation des lois appartient :

A la Cour de cassation, pour les lois pénales ;

Au Conseil d'État, pour les lois administratives ;

Et au Sénat pour les dispositions de la Constitution.

(*Violé.*)

Art. 118

Toutes les dispositions des lois, règlements, us et coutumes actuellement en vigueur, continueront d'être appliquées, tant qu'elles n'auront pas été modifiées ou abrogées par des lois ou règlements.

(*Violé.*)

Art. 119

L'instruction provisoire du 10 chewal 1293 (16-28 octobre 1876), concernant l'Assemblée générale, cessera d'avoir son effet à partir de la clôture de la présente session.

10 août 1910.

Il m'est extrêmement pénible de clore cet ouvrage par l'annonce d'un nouvel assassinat politique à Stamboul. Le 10 juin 1910, Ahmed Samim bey, rédacteur en chef de l'unique organe de réelle opposition au Comité *Union et Progrès*, tomba sous les balles d'un émule des assassins de Chemzi pacha, Ismaïl Mahir pacha, Hassan Fehmi bey et de tant d'autres patriotes inconnus (V. p. 210.) Le coupable qui a commis son crime à deux pas d'une station de police, — décidément les assassins politiques du nouveau régime en Turquie recherchent le voisinage des postes de police pour accomplir leurs forfaits, — reste introuvable. Le recherche-t-on seulement? Le trouvera-t-on jamais? Les parents éplorés et les amis du vaillant publiciste jeune-turc disent résolument non. Et, comme preuves, ils montrent les lettres et les papiers de la victime. Le malheureux Ahmed Samim déclare dans ces documents qu'il est condamné à mort par la loge *Union et Progrès*, qu'on lui a notifié la sentence de l'*Union et Progrès*, mais qu'il est poussé, quand même, par un sentiment spontané, à combattre jusqu'à son dernier souffle les oppresseurs anonymes de sa patrie. Deux balles, identiques à celles qui tuèrent Chemzi pacha et qui ornent la vitrine des bibelots révolutionnaires du Comité central *Union et Progrès*, ont eu raison du publiciste Samim.

Dors en paix, Ahmed Samim, nous pensons à toi et nous vengerons les outrages faits à la patrie.

Juillet 1910

L'assassin qui avait tiré par derrière sur Ahmed Samim bey a pu s'enfuir, et reste encore officiellement inconnu.

Le cadavre de la victime, transporté aussitôt dans un poste de police, y fut gardé militairement ; puis, contre la volonté des siens (Ahmed Samim bey était marié, père de deux enfants en bas âge) on l'enleva dès le lendemain, et toujours sous une forte escorte de soldats, on alla l'enterrer en secret, sans aucune cérémonie religieuse ni civile.

L'affaire aussi, comme le disait un peu ironique ment *Le Temps*, est enterrée. Les deux enterrements ont été aussi précipités l'un que l'autre, et accomplis dans le même mystère.

On a jeté de la terre sur le cercueil ; mais on ne réussira pas à jeter l'oubli sur le crime.

Si le Comité a empêché les amis de Ahmed Samim bey de l'accompagner à la tombe, c'est qu'il craignait la fureur de la foule, qu'avait déjà révoltée en avril 1909 l'assassinat commis dans des circonstances analogues sur Hassan Fehmi bey, rédacteur en chef du *Serbesti*, lui aussi journal d'opposition.

Il craignait également de voir la population de Constantinople faire à cette seconde victime des funérailles aussi grandioses qu'à la première.

Comme nous l'avons déjà dit, les deux crimes en effet portent la même marque.

Dans les deux cas, l'arme employée contre les adversaires politiques du Comité, c'est le revolver ; dans les deux cas, l'assassin échappe à toutes les recherches de police.

Et il est évident que dans les deux cas l'assassin obéit aux mêmes instigations.

Celui de Hassan Fehmi bey s'est vanté de son crime au siège du Comité, où il a provoqué par son récit l'admiration de ses camarades.

Et quand, autrefois, il m'arriva de présider les séances de l'*Union et Progrès*, que de propositions d'assassinat m'ont été soumises, que j'ai toujours réussi à faire rejeter, une entre autres concernant le prince Sabaheddine!

MEHMED CHÉRIF
Grand officier de la Légion d'honneur
Ancien membre du Comité
Union et Progrès

TABLE DES MATIÈRES

CHAPITRE III

Octobre 1908

CHAPITRE IV

Novembre-Décembre 1908

CHAPITRE VI

Avril-Juin 1909

CHAPITRE VII

Juillet-Septembre 1909

CHAPITRE VIII

Octobre-Décembre 1909

CHAPITRE IX

Janvier-Mars 1910

CHAPITRE X

Avril-Juin 1910

Imp. de la Librairie V. GIARD et E. BRIÈRE, 16, r. Soufflot, Paris

www.ingramcontent.com/pod-product-compliance
Ingram Content Group UK Ltd.
Pitfield, Milton Keynes, MK11 3LW, UK
UKHW020237180726
13839UKWH00001B/17

9 782019 946364